Karl Kardinal Lehmann
Toleranz und Religionsfreiheit

KARL KARDINAL LEHMANN

Toleranz und Religionsfreiheit

Geschichte und Gegenwart in Europa

HERDER

FREIBURG · BASEL · WIEN

Heinrich Heine-Vorlesungen
der Universität Düsseldorf

MIX
Papier aus verantwor-
tungsvollen Quellen
FSC® C083411

© Verlag Herder GmbH, Freiburg im Breisgau 2015
Alle Rechte vorbehalten
www.herder.de

Satz: Fotosatz Moers, Viersen
Herstellung: CPI books GmbH, Leck

Printed in Germany

ISBN: 978-3-451-33511-2

FÜR
FRAU DR. ESTHER BETZ
IN DANKBARKEIT

Inhalt

Vorwort

Im November 2011 erhielt ich vom Rektor der Heinrich-Heine-Universität Düsseldorf, Prof. Dr. Dr. Michael Piper, die Einladung, die Heinrich-Heine-Professur für das Wintersemester 2012/13 zu übernehmen. Diese Professur wurde der Universität anlässlich der Benennung nach dem großen Sohn der Stadt vom Land Nordrhein-Westfalen gestiftet. Bisherige Heine-Gastprofessuren waren u.a. Marcel Reich-Ranicki, Richard von Weizsäcker, Helmut Schmidt, Siegfried Lenz und Joschka Fischer.

Nachdem ich aus vielen Gründen überrascht war, habe ich gerne für das Wintersemester 2012/13 zugesagt und die vorgesehenen drei Vorlesungen am 27. November 2012, am 11. Dezember 2012 und am 22. Januar 2013 gehalten. Hinzu kam ein Seminar am 11. Dezember 2012 mit Textlektüre. Ich habe mir als Titel gewählt »Toleranz in der europäischen Geschichte und Gegenwart. Das neuzeitliche Ringen um die Religionsfreiheit.« Ich hatte mich etwa seit der Jahrtausendwende 2000 intensiver mit dieser Problematik beschäftigt. Das Thema schien mir durch seine interdisziplinäre Ausrichtung für die Übernahme einer Heinrich-Heine-Professur geeignet zu sein.

In der Zwischenzeit hat sich weltweit gezeigt, wie diese Thematik in unserer gegenwärtigen Situation von Tag zu Tag dringlicher geworden ist. Ich bin froh, dass ich nun die Zeit gefunden habe, die schon genauer ausgearbeiteten Texte des Wintersemesters 2012/13 nochmals überarbeiten und veröffentlichen zu können. Die Form der Vorlesung wurde beibehalten. Die Überarbeitung bezog sich nicht nur auf eine gründliche sprachliche Durchsicht, sondern ich habe im Rahmen des Möglichen die sachlichen Ausführungen aktualisiert. Das beigefügte Literaturverzeichnis wurde entsprechend auf den gegenwärtigen Stand gebracht.

Ich danke auf diese Weise den zahlreichen Hörern in Düsseldorf und hoffe auf ebenso interessierte Leser dieses kleinen Buches.

Nicht minder danke ich dem Verlag Herder für die Sorgfalt und Umsicht, besonders und namentlich dem Programmleiter Religion und Spiritualität, Herrn Thomas Nahrmann, München. Meine persönliche Referentin, Frau Dr. theol. Claudia Sticher, hat mich bei der Vorbereitung der Drucklegunng nachhaltig unterstützt.

Mainz, 8. Mai 2015,
Ende des Zweiten Weltkrieges vor 70 Jahren
Karl Kardinal Lehmann

Hinführung

1. Toleranz in aller Munde

Ich habe mir für die Heinrich-Heine-Gastprofessur das Thema gewählt »Toleranz in der europäischen Geschichte und Gegenwart«. Dabei bestimmten mich folgende Überlegungen: Wer will nicht tolerant sein? Je kleiner die Welt wird und je mehr die Menschen miteinander kommunizieren, umso wichtiger wird Toleranz als Haltung und Tugend. Wir spüren jedoch auch täglich, wie schwierig es ist: Heißt dies, dass alles gleich-gültig ist und dass in dieser Gleichgültigkeit auch kein Anspruch auf Wahrheit erhoben werden kann?

Der Konflikt ist wohl mit besonderer Schärfe im Bereich von Religion und Glauben zu spüren. Fanatismus und Fundamentalismus sind Zerrgestalten einer Antwort auf dieses Problem. Relativismus und Laxismus lösen es auch nicht. Wenn Religion politisch instrumentalisiert wird, wird es besonders schlimm.

Ich habe mich seit längerer Zeit mit den damit im Zusammenhang stehenden Fragen beschäftigt. So habe ich unter dem Titel »Wahrheit und Toleranz« am 30. September 2010 im Alten Rathaus Göttingen auf Einladung der Göttinger Akademie der Wissenschaften einen Vortrag zu »Wahrheit und Toleranz« gehalten, und zwar im Rahmen einer Akademiewoche mit dem Titel: »Die Rückkehr der Religion – Wohin?« (gedruckt in den *Göttingischen Gelehrten Anzeigen* 262, 2010, 111–126).

Aber dieses Thema hat mich schon viel länger auch theologisch und philosophisch bestimmt. Es ist nicht zu verkennen, dass die »Toleranz« eine Leitidee besonders der europäischen Aufklärung ist. Diese hat im Lauf der Zeit zu mannigfaltigen Konflikten mit den christlichen Kirchen, aber auch mit anderen Religionen und Weltanschauungen geführt.

Schließlich habe ich mir bei der Wahl des Themas, das mir dankenswerterweise ganz überlassen worden ist, einen Gegenstand gewählt, der nicht nur fachwissenschaftlich der Theologie angehört, sondern der im Schnittpunkt vieler wissenschaftlicher Disziplinen einer heutigen Universität steht. Vielleicht wird es sogar viel zu wenig genützt, um mit unterschiedlichen Fragestellungen an dieses eine Thema heranzugehen, so oft man auch die interdisziplinäre Arbeitsform rühmt.

Natürlich lässt sich im Verlauf von drei Vorlesungen während eines Semesters zwar eine Grundskizze des Problems vermitteln, aber auf vieles, was ich mir im Lauf der Zeit erarbeitet habe, konnte ich nicht ausreichend eingehen.

Ich versuche einen vorläufigen Überblick zu geben.

2. Knappe Übersicht

Das Ringen um die Religionsfreiheit bis zur Aufklärung

Gewöhnlich gehen wir einfach von der modernen Fragestellung aus. Wir betrachten die Aufklärung als den Ort der Geburt der Toleranz. Es kommt mir jedoch darauf an, dass wir uns fragen, wie frühere Geschichtsepochen dieses Problem aufgenommen haben, ganz besonders im Lauf der bald 2000-jährigen Geschichte des Christentums. Ich werde im ersten Gang versuchen, eine Skizze der wichtigsten Stationen in der Entwicklung des Toleranzproblems aufzuzeigen. Es gibt in dieser Perspektive, so bin ich fest überzeugt, doch

einige überraschende Einsichten, wie weit man sich in den
Epochen der europäischen Geschichte damit befasst hat. Es
liegt gewiss an meiner Kompetenz als Theologe, mich stärker
um die kirchlichen und theologischen Anteile an diesem
Problem zu kümmern. Freilich war ich durch Ausbildung
und Neigung immer auch philosophisch interessiert. Insofern spielen philosophische und auch historische Gesichts-
punkte stets eine Rolle. Sozialwissenschaftliche Erkenntnisse
dürfen nicht fehlen. Nicht vergessen möchte ich ferner, dass
ich 32 Jahre Bischof einer Diözese (1983) bin und 21 Jahre
lang Vorsitzender der Deutschen Bischofskonferenz (1987–
2008) war. In diesem Sinne konnte ich auch auf eine Fülle
konkreter praktischer Erfahrungen zu diesem Thema zurückgreifen.

Vom Streit um die Toleranz im 19. Jahrhundert und vom Durchbruch zur Religionsfreiheit auf dem Zweiten Vatikanischen Konzil

Wir werden im ersten Beitrag in einem kühnen Ritt die
wichtigsten Stationen darzulegen versuchen. Ich möchte
dann beim zweiten Gang zeigen, wie sich die Fragestellung
im 19. Jahrhundert zuspitzt. Ein extremer Liberalismus trifft
auf eine sehr kämpferische, abwehrbereite und dogmatisch
zentrierte Kirche. Es kommt gerade im 19. Jahrhundert zu
extremen Zusammenstößen in der Auslegung von Toleranz
und Glaubensfreiheit. Nach einigen Vorbereitungen geschieht aber ein entscheidender Durchbruch auf dem
Zweiten Vatikanischen Konzil (1962–1965), und zwar in der
Erklärung über die Religionsfreiheit *Dignitatis humanae*, die
am vorletzten Tag des Konzils, am 7. Dezember 1965, nach
einem langjährigen Streit darüber verabschiedet worden ist.
Es gab viele Auseinandersetzungen in der nachkonziliaren

Zeit über den konkreten Sinn der Gewährung von Religionsfreiheit. Die unterschiedlichen Meinungen haben besonders
auch zu einer pointierten Position traditionalistischer Bewegungen, vor allem der sogenannten Pius-Brüder, geführt. Der
Streit darüber ist noch nicht beendet. Die Beschäftigung mit
diesem Text eröffnet uns viel von den gegenwärtigen Spannungen um die Frage der Religionsfreiheit nicht nur in der
katholischen Kirche, sondern auch in der Sache selbst. Um
dies zu erkennen, ist eine Beschäftigung mit der geschichtlichen Vorbereitung, wie sie im ersten Beitrag vorbereitend
versucht wird, dringend erforderlich und besonders fruchtbar. Der zweite Beitrag wurde ergänzt durch ein Seminar, in
dem ich wichtige Texte vor allem des Zweiten Vatikanischen
Konzils mit den Teilnehmern genauer zu lesen und auszule-
gen versucht habe. Die Texte sind hier abgedruckt, sodass der
Leser sich selbst orientieren kann.

Versuch einer normativen Synthese

Wir sind daraufhin genügend vorbereitet, um im letzten Beitrag einige wichtige Grundfragen der heutigen geschichtlichen Situation genauer anzugehen. Im Mittelpunkt steht
dabei für mich das Verhältnis von Wahrheit – Toleranz –
Freiheit. Darin ist ja die ganze Spannung des Themas verbor-
gen. Toleranz kann nicht bedeuten, dass man seinen eigenen
Standort preisgibt und eine allgemeine Standpunktlosigkeit
das Ideal ist. Die Unverzichtbarkeit der Wahrheitsfrage kann
aber auch nicht zur Konsequenz haben, dass man absolutis-
tisch und rechthaberisch nur auf seiner eigenen Position be-
harrt. In diesem Sinne wird zur Klärung des sogenannten
»Absolutheitsanspruchs« des christlichen Glaubens das Verhältnis von Wahrheit und Freiheit im Mittelpunkt stehen.
Die drei Grundbegriffe werden gewiss vertieft werden müs-

sen, um zueinanderzufinden. Dafür gibt es auch in der gegenwärtigen Philosophie und Theologie Annäherungswege und Anstöße.

Der Horizont

In diesem Beitrag ist es aber auch nötig, einige Themen zu behandeln, die in enger Nähe zu Grundfragen des Staatskirchenrechtes[1] stehen. Dabei geht es um das Verhältnis von Religionsfreiheit und Neutralität des modernen Staates. Wir werden über »positive« und »negative« Religionsfreiheit Überlegungen anstellen. In diesem Zusammenhang wird auch das Grundthema von Staat und Kirche in einigen Grundzügen anklingen. Schließlich ist zu überlegen, wie die heutige Gewähr für Religionsfreiheit im Lauf der Geschichte erreicht worden ist. Man kann hier nicht absehen von einer Leidensgeschichte in der Auseinandersetzung zwischen Staat und Kirche, zwischen Wahrheit und Freiheit. Dies gibt Hinweise dafür, wie sehr diese oft schmerzlichen Erfahrungen unser heutiges Modell mitermöglicht und mitgetragen haben. Dies ist auch wichtig für die Diskussion über die Religionsfreiheit in den nichtchristlichen Religionen, vor allem auch im Islam. In diesem Zusammenhang wird man sich auch, unbeschadet der Wahrheitsfrage, von allen Formen des Fundamentalismus und des Fanatismus befreien, ohne deswegen einem Relativismus zu verfallen. Beide untergraben das Vertrauen untereinander und fördern Verbohrtheit und Beliebigkeit. Wir wollen aber über dem Zweifel nicht die Gewissheit verlieren und im Verlangen nach Orientierung nicht starrsinnig werden. Darum braucht es im Leben des Geistes immer das Ringen zwischen Wahrheit und Freiheit.

Wir haben in unserer Situation natürlich viele Themen, die im direkten Umfeld eine praktische Bedeutung im Zu-

sammenhang dieser dreifachen Struktur haben. Denken wir
nur z. B. an die frühere Diskussion über die Beschneidung
und heute besonders über extreme Tendenzen, vor allem in
manchen Strömungen im heutigen Islam. Ich bitte um Verständnis, dass ich in diesen drei Vorlesungen mich nicht
näher mit einzelnen konkreten gesellschaftlich-politischen
Fragen von heute befassen kann. Ich sehe es als eine große
Chance an, diesseits oder jenseits dieser praktischen Themen
mit wissenschaftlichen Mitteln eine Grundsatz-Besinnung in
Gang zu bringen, die ja auch die Voraussetzung ist für eine
sachgerechte und menschenwürdige Lösung der anstehenden
praktisch-politischen Probleme.

I. Das Ringen um die Religionsfreiheit bis zur Aufklärung

Es gibt wenige Begriffe, die angesichts der vielfältigen Grundüberzeugungen und Weltdeutungen, Religionen und Philosophien in den heutigen pluralistischen Gesellschaften so wichtig und zugleich so umstritten sind wie das Wort »Toleranz«. Viele Konflikte in unserer Gesellschaft zeugen von den Spannungen und Widersprüchen im Verständnis dieses Grundbegriffes. Die einen sehen darin eine Grundtugend der modernen pluralistischen Demokratie, durch die ihre politisch-soziale Ordnung aufrechterhalten wird. Die Vielfalt rivalisierender Weltanschauungen, Bekenntnisse und politischer Programme werden als legitim respektiert. Minderheiten, Randgruppen und Einzelgänger werden vor Diskriminierung geschützt. Toleranz steht auch gegen jeden Fanatismus, der die eigenen Überzeugungen absolut setzt und sie zum Teil auch anderen mit offenkundiger oder verborgener Gewalt aufzwingt. Für andere ist Toleranz eine repressive Praxis, weil sie auch die Unterdrücker duldet. Ja, sie würde auch noch die Mörder in den eigenen Reihen schützen.

Auch wenn diese Positionen nicht mehr in extremer Weise vertreten werden, so spielen sie doch noch von ihrer Geschichte her in unsere gegenwärtigen Auseinandersetzungen hinein. Zum Teil gehen diese Voraussetzungen weit zurück. Man kann die heutigen Ambivalenzen oft nicht recht verstehen und einordnen, wenn man die komplexe Geschichte ausblendet, aus der sie kommen.

Eine wenigstens an ausgewählten Punkten versuchte Rekonstruktion dieser Geschichte kann auch zur Grundlage werden für eine positive Toleranz mit Blick auf die Theorie der Transzendenz. Im Gegensatz zu einer rücksichtslosen Konfrontation eröffnet sie einen Spielraum, in dem Auseinandersetzungen und Konflikte fair ausgetragen und widersprüchliche Meinungen rational diskutiert werden können. Dazu gehört auf internationaler Ebene auch eine Achtung der verschiedenen Kulturen und Traditionen. Darum ist es zur Abwehr aller Formen von Absolutismus und Ethnozentrismus notwendig, sich auf den gesellschaftlichen und interkulturellen Diskurs sowie auf den interreligiösen Dialog einzulassen.

1. Wortfeld und Bedeutungsspektrum von Toleranz

Schon der Begriff »Toleranz« erscheint oft in seiner Ambivalenz. Er kennzeichnet zunächst eine positive Eigenschaft des Duldens. Aber das Dulden kann selbst wiederum verschiedene Aspekte haben. Es kann einem schmerzlichen Ertragen ähnlich sein, das man mit verschiedenen Grundhaltungen hinnehmen kann. Es ist identisch mit Leidensfähigkeit. Für manche ist dieses Dulden freilich auch mit einer herablassenden Geste verbunden, die von oben herab etwas zugesteht, was man aber im Grunde verachtet oder auch ablehnt. Es gibt in der deutschen Sprache viele Synonyme für Toleranz, z. B. Aufgeschlossenheit, Duldsamkeit, Entgegenkommen, Freizügigkeit, Großmut, Liberalität, Nachsicht, Offenheit, Vorurteilslosigkeit, Verständnis, anderes z. B. Sitten zulassen, gelten lassen.

In diesem Zusammenhang wird das Wort »Toleranz« in der Bedeutungsgeschichte manchmal auch ziemlich negativ bewertet. Manche möchten das Wort geradezu verbannen,

weil es eine willkürliche autoritäre Konzession sei. Freiheitsrechte erscheinen grundlegend als unverfügbar. Das Wort
»Toleranz« erscheint so als eine »unrechtmäßige Anmaßung«,
die aus der Sprache verbannt werden müsste. So empfindet
I. Kant Toleranz als einen »hochmütigen Namen«.[2] Bekannt
ist auch das Wort von J. W. Goethe: »Toleranz sollte eigentlich nur eine vorübergehende Gesinnung sein: Sie muss zur
Anerkennung führen. Dulden heißt beleidigen.«[3] Deshalb
wird auch heute Toleranz als zutiefst und unheilbar ambivalent erklärt, da sie hilflos zwischen Indifferenz und Solidarität stehe. Die Andersheit des Anderen werde dadurch nicht
ausreichend anerkannt.[4] Diese negative Einschätzung kommt
in den 60er Jahren zu einem gewissen Höhepunkt in H. Mar-
cuses Begriff der »repressiven Toleranz«, deren Funktion es
bloß sei, bestehende Herrschaftsverhältnisse zu stabilisieren.[5]
    Es gibt jedoch noch andere Dimensionen der Toleranz. Sie
ist besonders als aktive Verhaltensweise, die ein Ideal darstellt, eine gelungene Form der politischen Gesellschaft,
»deren eine pluralistische Demokratie bedarf, um gut zu
funktionieren und das Ideal des Pluralismus zu verwirklichen«.[6] Dies ist eine anspruchsvollere, schöpferische Form.
»Die *aktive Toleranz* lässt den anderen nicht bloß gewähren;
ohnehin wird es vom Gesetz verlangt. Sie bejaht aus freien
Stücken des anderen Lebensrecht, Freiheit und Entfaltungs-
willen. Allerdings setzt sie voraus, was mancherorts abhan-
den kommt: in der Lebensweise und den Überzeugungen ein
eigenes Profil. Aktive Toleranz meint kein Feigenblatt, hinter
dem sich moralische Indifferenz und intellektuelle Schwäche
verbirgt, keine ›standpunktlose‹, sondern eine ›authentische
Toleranz‹«.[7]
    Damit zeigt sich, dass diese aktive Tugend eine Grundtu-
gend des gesellschaftlichen Miteinanders der Menschen ist,

besonders im Verhältnis starker Gruppen und freier Indivi-
duen.[8] Toleranz ist eben gar nicht die »Unfähigkeit zu Ja und
Nein«, wie F. Nietzsche meinte.[9] Es ist vielmehr ein Akt der
Freiheit, der inneren Stärke, der Selbstüberwindung, keine
»Herden-Tugend«, keine Schwäche des Geistes und des Cha-
rakters.

Die Geschichte des Begriffs wurde maßgebend durch die
Spannung zwischen passiver Geduld und aktiver Duldung
bestimmt. Das Wort Toleranz wird nicht überall verwendet,
wo von der Sache die Rede ist, z. B. nicht in berühmten Tole-
ranzedikten wie z. B. von Mailand (313) und von Nantes
(1598), auch nicht in den Religionsfrieden des 16. Jahrhunderts und auch nicht im Grundgesetz der Bundesrepublik
Deutschland oder in den Verfassungen der einzelnen Bun-
desländer.[10] Man gebraucht dafür nicht selten Wörter wie
Gewissensfreiheit, »*concordantia*« und seit einiger Zeit auch
»Religionsfreiheit«, wenngleich dieser Begriff vielleicht präzi-
ser, aber auch wiederum enger ist.[11]

2. Antike und frühchristliche Prägung

Wir können – was selten möglich ist – die vorchristliche Antike in diesem Zusammenhang übergehen. Natürlich kennt
man auch in der Antike die klassischen Probleme des Um-
gangs mit Andersdenkenden. Die Gedanken für eine weiter-
gehende Toleranz kamen immer stärker von den Opfern von
Verfolgung und Unterdrückung.[12] *Tolerantia,* das wohl zum
ersten Mal bei Cicero 46 v. Chr. vorkommt, bedeutet ganz im
stoischen Sinne »Ertragen« des Schicksals und auch z. B. der
Folter. *Tolerantia* beschreibt das Verhalten zu sich selbst und
gehört in die Ethik der Selbstbeherrschung.[13]

In den lateinischen Bibelübersetzungen erscheint »*toleran-tia*« immer stärker im Sinne von »Geduld«, »Ausdauer« und »Standhaftigkeit«.[14] Für Toleranz als Sozialbegriff im Sinne eines »Fundaments des Friedens« spielt aber nun die biblische und patristische Phase eine große Rolle. Besonders Augustinus sieht in der *tolerantia* eine soziale Grundtugend, die für ein friedfertiges und einträchtiges Leben in der Gemeinde von fundamentaler Bedeutung ist.[15] In dieser Hinsicht ist und bleibt Augustinus im Sinne einer sozialethischen Prägung von *tolerantia* für die ganze weitere Begriffs- und Bedeutungsgeschichte fundamental.

Augustinus bedeutet aber in anderer Hinsicht eine recht belastende Hypothek. *Tolerantia* ist zunächst ein von Motiven christlicher *Caritas* bestimmtes Verhalten, das auch gegenüber Häretikern und Schismatikern gilt. Aber im Donatisten-streit – eine kirchliche Bewegung häretischen Charakters, die auch Gewalt anwendete – kommt die Duldungsbereitschaft an eine Grenze. Augustinus rechtfertigt die Anwendung sogar staatlicher Gewalt, wobei er sich auf das Wort im biblischen Gleichnis vom Festmahl beruft, in dem bedürftige Menschen genötigt werden, zum Mahl zu kommen (*compelle intrare*: Lk 14,23). In diesem Zusammenhang sieht Augustinus auch eine Zwangsbekehrung als gerechtfertigt an, was freilich gegenüber Juden wegen ihrer bleibenden heilsgeschichtlichen Bedeutung für die Christen abgelehnt wird.

Die *tolerantia* im Sinne eines innerchristlichen Imperativs wird in den christlichen Gemeinden und besonders in den Mönchsgemeinschaften im Sinne eines Ertragens des Nächsten vertieft (Johannes Cassian, Benedikt-Regel, Nr. 72). Die duldende Kraft der Liebe muss auch »schlechte Menschen« ertragen, ja auch – so lehren nicht wenige Theologen – Häretiker und Schismatiker. Man findet hier also nach Augustinus bis in das frühe Mittelalter hinein ein gewisses Schwanken zwischen Härte und Milde.

Schließlich gibt es mindestens zwei Probleme, die hier die Antike im Allgemeinen und die biblische Religion, vor allem das Christentum, besonders kennzeichnen und herausfordern. Die antike Welt ist von der Überzeugung geprägt, dass ein Zusammenleben der Menschen in einer Gemeinschaft auch von denselben Grundüberzeugungen geprägt sein muss. Von dieser Meinung her ergibt sich immer wieder ein Zug zur Uniformität in fundamentalen Lebensanschauungen. Die Einheit der religiös-politisch-sozialen Ordnung wird vorausgesetzt. Dies führte freilich dazu, dass der Staat in der Duldung anderer Religionen und Kulte ein strategisches Abwägen ausüben musste, wie weit eine Übereinstimmung in diesen Grundüberzeugungen möglich war.

Dies war besonders schwierig durch die Verbindlichkeit des biblischen Glaubensverständnisses. Ich kann hier nicht die Diskussion über Jan Assmanns These von der geradezu unvermeidlichen Intoleranz monotheistischer Religionen[16] darlegen, die dies am Ausschließlichkeitsanspruch des biblischen Glaubens festmacht.[17] Zweifellos ergibt sich hier die notwendige Frage, wie sich Toleranz zur Wahrheit verhält und ob Toleranz schließlich den Verlust des christlichen Glaubens bedeutet.[18] Wir werden dieses Problem bis zum Ende dieser drei Vorlesungen verfolgen.

Die Grundantwort auf diese Fragen lautet, dass sowohl das Alte als auch das Neue Testament bei allem prinzipiellen Wahrheitsanspruch je nach geschichtlicher Situation und kultureller Prägung recht unterschiedliche Modelle in der konkreten Ausgestaltung bekundet. Hier kommt es auch auf einen Ausgleich zwischen dem allgemeinen Heilswillen Gottes und dem Erwählungsgedanken an. Im praktischen Umgang biblischer Religion mit den Vertretern anderer Religionen ergibt sich nochmals eine Differenzierung im Vergleich zu sehr entfalteten Reflexionsstufen theologischer Art.[19] Es gibt unterhalb der Theorie durchaus die Ebene einer pragmatischen Flexibilität, ja sogar Milde.

3. Mittelalterliche Einsichten: Pluralität verlangt Toleranz

Die differenzierte Geschichte des Toleranzverständnisses nimmt gerade auch im frühen Mittelalter immer wieder verschiedene Interpretationen des augustinischen Duldungsgedankens vor: Ketzer brauchen nicht mit Verfolgung zu rechnen, solange sie jenen *mali* zugerechnet werden, die man im Geist der Liebe dulden soll. Dafür wird immer wieder auch das toleranzfreundliche biblische Gleichnis vom Unkraut unter dem Weizen herangezogen (vgl. Mt 13,24–30 und 36–43). Auch Jesu Worte und Verhalten, zur Nachfolge einzuladen, aber niemand zu nötigen, sind nicht vergessen. Deswegen wird auch gelegentlich der Rat gegeben, unbelehrbare Abweichler zwar aus der kirchlichen Gemeinschaft auszuschließen und öffentlich zu brandmarken, sie aber nicht dem Schwert der weltlichen Gewalt zu übergeben. Man soll nicht ungeduldig dem Urteil Gottes vorgreifen.[20]

Diese Lösungsrichtung verlangt aber eine unvermeidliche Präzisierung. Wie kann man denn Glaubens- und Religionsverschiedenheit mit dem Anspruch auf eine universale, jedoch im Grundsatz unduldsame Einheit vereinbaren? Verschiedenheit galt ja in der Tradition weitgehend als Ursprung mangelnder Rechtgläubigkeit. Es gibt besonders im 12. Jahrhundert Tendenzen, auf der einen Seite die Wahrheit der Of-

fenbarung und des Glaubens in ihrer Einheit zu wahren und
dennoch eine Vielheit der Sitten und Gewohnheiten als eine
von Gott gewollte Voraussetzung wechselseitiger Duldung
unter den Menschen anzusehen.[21] Dafür treten nun die Begriffe *diversitas, varieta* und *pluralitas* in die Diskussion. Auf
diese Weise wird ein neues Verständnis und auch eine neue
Praxis von *tolerantia* erreicht. K. Schreiner macht hier auf das
Werk des Theologen Anselm von Havelberg (1099–1158) aufmerksam, der vor allem im Streit zwischen Ost und West in
seinen *Dialogi* diese *multiformitas* zu einem Strukturprinzip
der Kirche macht. Nach Anselm schließen sich geschichtlich
bedingte Differenz und zeitlose theologische Wahrheit gegenseitig nicht aus. Wandel in der Zeit gehöre zum Grund-
verständnis des Menschen, der nur schritt- und stufenweise
zur Erkenntnis der göttlichen Wahrheit kommen könne.[22]
Wahre Vielheit ist ein Erweis für die Reformfähigkeit der
Kirche. »Anselm weiß, dass neue Probleme nicht mit unzeit-
gemäßen Normen und Begriffen zu lösen sind. Geschichtlich
bedingte und zeitlich gestufte Vielgestaltigkeit, die Gott
selber zu einem Mittel seines Heilshandelns gemacht hatte,
gebietet seiner Auffassung nach Duldung, nicht unzeitige
Verurteilung und gewaltsame Vereinheitlichung. In moderner, unmittelalterlicher Begrifflichkeit ausgedrückt: Pluralität
verlangt Toleranz.«[23]

Wie sehr die verschiedenen Anschauungen über Härte
und Duldung miteinander verbunden sind, wird auch bei
Thomas von Aquin deutlich. Manches ist ganz traditionell.
Nur der Unglaube der Häretiker und Apostaten rechtfertigt
Gewaltanwendung. Wenn diese hartnäckig auf ihren Irrtü-
mern beharren, haben sie die Exkommunikation von der
Kirche, ja sogar den Ausschluss aus der menschlichen Ge-
meinschaft durch den Tod verdient.[24]

Es gibt jedoch bei Thomas von Aquin eine Reihe von wei-
terführenden Überlegungen, die freilich auch schon teilweise
und vereinzelt in der früheren Tradition erscheinen. Es ist
auch nüchtern damit zu rechnen, dass Thomas von Aquin in
einer Welt lebte, in der Christen, Juden, Häretiker und auch
Heiden, gewiss auch Muslime, mit-, neben- und gegeneinan-
der lebten. Man musste also auch in gewisser Weise diese Art
eines friedlichen Zusammenlebens theologisch legitimieren.
Deswegen gibt es auch pragmatische Duldungsgründe. So
sagt Thomas, dass Gott selber in der Welt manches Übel zu-
lasse, das er eigentlich in seiner Allmacht verhindern könnte.
Zu dem gewiss nicht vollkommenen Ordnungsbild einer
durch die Erbsünde gestörten Welt gehört auch das Erdulden
von Übeln. Thomas zitiert hier Augustinus, der sich dafür
einsetzte, sogar die »Huren« (*meretrices*) in der menschlichen
Gemeinschaft zu dulden, um eine noch stärkere Entfesselung
zerstörerischer menschlicher Triebe zu verhindern.[25] Im Übrigen könne aus Unduldsamkeit auch ein neues Ärgernis und
eine destruktive Zwietracht entstehen. In diesem Zusammenhang erwägt Thomas: »Da eine rechtgläubige Minderheit
gegen eine ungläubige Mehrheit die Wahrheit nicht durchzusetzen vermag, ist es ein Gebot der Klugheit und des sozialen
Friedens, sich der Macht der Verhältnisse zu beugen.«[26]

Im Blick auf die Juden, die die Kirche wegen des gemeinsamen Erbes dulden soll, gibt es bei Thomas im Blick auf die
Frage, ob die Zwangstaufe jüdischer Kinder erlaubt ist, ein
neues Argument. Thomas erinnert an die Tradition der Kirche, die die Taufe jüdischer Kinder gegen den Willen der
Eltern ablehne. Er argumentiert aber hauptsächlich dahin,
dass eine Zwangstaufe jüdischer Kinder die »natürliche Gerechtigkeit« verletze. Man würde damit einem Kind gegen
den Willen seiner Eltern Gewalt antun. Thomas wendet sich

damit im Namen des Naturrechts gegen eine strikte Verwirklichung der kirchlichen Sendung, weil sie die Freiheit
verletzt. »Naturrecht, das so verstanden und gehandhabt
wird, begründet Freiräume für die Glaubensentscheidung
des einzelnen. Thomas geht jedoch nicht so weit, Religion
zur Privatsache und Glaubensfreiheit zu einem allgemeinen
Menschenrecht zu machen.«[27] Thomas bleibt aber bei seiner
überaus harten Position gegenüber den Ketzern. »Nur im Zusammenhang mit der Taufe jüdischer Kinder greift Thomas
auf naturrechtliche Argumente zurück; die Ketzerfrage be-
handelte er im Geiste gewohnter und zeitüblicher theologischer Unduldsamkeit. Dem Aquinaten kommt jedoch das
Verdienst zu, das Naturrecht, dessen toleranzstiftende Argu-
mentationsmöglichkeiten erst im 18. Jahrhundert voll ausge-
schöpft wurden, in die Toleranzdiskussion eingeführt zu
haben.«[28] Über allem steht die liebende Sorge um das »ewige
Heil« der Menschen, und dieses ist wichtiger als das »irdische
Wohl«, z. B. das »leibliche Leben«.[29]

Es gibt jedoch noch einen weiteren Ort, wo Thomas die
Zukunft des Toleranzgedankens befruchtet. Dies ist die in
diesem Zusammenhang oft nicht genügend in ihrer Bedeutung erkannte Lehre vom »irrenden Gewissen«. Diese Überzeugung hat die mittelalterliche Theologie seit Abaelard entwickelt.[30] Folgt ein Mensch seinem Gewissen in voller innerer
Überzeugung, etwas Gutes zu tun, so kann er keine Sünde
begehen, da er gutgläubig einem Irrtum folgt und glaubt, das
Rechte zu tun und Gott zu folgen. Es gab um die Gewissens-
lehre Abaelards eine heftige Diskussion.[31] Thomas, der eine
neue Synthese versucht, spricht dem irrenden Gewissen eine
bindende Kraft zu, da eine Handlung des Willens gegen das,
was die Vernunft sagt, schlecht ist. Das Gewissen muss dem
»Diktat der Vernunft« folgen. Es ist sich in diesem Fall je-

doch eines Irrtums nicht bewusst. Freilich lässt Thomas nur eine unfreiwillige Unwissenheit als Entschuldigung gelten, nicht aber eine andere Form des Nichtwissens. Im Blick auf göttliche Weisungen ist Unwissenheit kein Entschuldigungsgrund. Das irrende Gewissen kann auf diesem Gebiet keine Rechtfertigungsgründe für Toleranz bereitstellen. Dem irrenden Gewissen darf man also nicht folgen, wenn es einer göttlichen Wahrheit widerstreitet. Man hat dann die Pflicht, einem solchen irrenden Gewissen nicht zu folgen.

Auch wenn man die Grenzen dieser Lehre vom irrenden Gewissen erkennt und es bis zum Ende des 17. Jahrhunderts dauert, bevor Pierre Bayle die »Rechte« des irrenden Gewissens einfordert, so gibt es doch eine verborgene Wirkung dieses schon im 12. Jahrhundert in die theologische Reflexion eingebrachten Problems.[32] »Deutlicher ist in der Tat vorher nie das Gewissen als ›die letzte Instanz der Moralität‹ verstanden worden.«[33] Mit Recht spricht E. Schockenhoff von einem »Vorschein der Subjektivität« bei Thomas von Aquin.[34]

4. »Frieden im Glauben« als vorausweisendes Paradigma

Eine weitere wichtige Stufe in der Ausbildung des neuzeitlichen Toleranzverständnisses ist bei Nikolaus von Kues (1401–1464) zu finden. Dabei muss man den Kontext der Religionsgespräche beachten, in dem das Werk *De pace fidei* (1453) steht. Darin zeigt sich ein vertieftes Verständnis religiöser Pluralität. Cusanus strebt einen »Frieden im Glauben« an, der auf der Übereinstimmung (*concordantia*) bezüglich einer wahren Religion beruht, die eine Verschiedenheit von

Bräuchen und Kulturen zulässt: *una religio in rituum varie-tate.*[35]

Nikolaus Cusanus wollte zeigen, dass Religionskriege vermeidbar seien. Alle Menschen hätten im Grunde dieselbe Religion. Nur die Riten und die religiösen Sprachformeln seien verschieden. Nikolaus Cusanus hat dieses Buch in wenigen Monaten nach dem Fall der Kaiserstadt am Bosporus im Jahr 1453 abgeschlossen. Die Riten sind verschieden, aber sie *meinen* alle die eine Religion. Jeder soll ihr treu bleiben, die Zeremonien könnten dabei ruhig verschieden bleiben. Dann wäre der Friede gesichert. Dafür kommen die Weisen aus allen Weltteilen im Himmel zusammen, um zu zeigen, dass die Unterschiede der Religionen keine Gewaltanwendung legitimieren. Wenn Fromme dies glauben, so täuschen sie sich. Die himmlische Philosophenversammlung unter dem Vorsitz Gottes will dies aller Welt kundtun. Diese Schrift des Cusanus enthält also ein Programm für den »Ewigen Frieden«, das später in Kants gleichnamiger bekannter Schrift wiedererscheinen wird. Die Friedensschrift des Cusanus bewegt sich gewiss in Richtung einer Vernunftreligion, wie man sie im 17./18. Jahrhundert entwickeln wird. Doch darf man diese außerordentliche Schrift des Cusanus nicht von seinem Gesamtwerk isolieren und zerlegen.

Die Vielgestaltigkeit religiöser Ausdrucksformen begreift Cusanus nicht als Quelle des Irrtums, sondern als eine Chance »zur Vermehrung der Frömmigkeit«. Doch geht die Einheit der Vielheit voraus. Deswegen sollen sich alle Religionen als Entfaltungen (*explicationes*) der einen wirklichen Wahrheit verstehen. Cusanus gebraucht kaum das Wort »Toleranz«. Ein einziges Mal begegnet das Wort *tolerare*: Nachdem Cusanus ausführlicher über die Beschneidung gehandelt hat, erklärt er: »Also muss wohl der Frieden im Glauben und im Gesetz der Liebe genügen, zu dem dann die Toleranz gegenüber den Bräuchen hinzukommt.«[36] Mithilfe der Verschiedenheit der Riten hat Cusanus die Toleranz für Glaubensauffassungen ausgeweitet und die Grenzen tolerabler Abweichungen erweitert. Duldung galt der Verschiedenheit religiöser Riten. Religionen sollen sich jedoch gegenseitig nicht nur erdulden, sondern ihre Ausrichtung wissend und handelnd auf die absolute Einheit hin zentrieren. Deshalb spricht Cusanus auch lieber von *concordia* statt von *tolerantia*. »Duldung motiviert zur Hinnahme des Bestehenden. Das Ideal der Eintracht beflügelt zu ständigem Ringen um die eine Wahrheit, in der alle Verschiedenheit des Glaubens ihren Ursprung hat.«[37]

Die Toleranzschrift des Kardinals von Kues gilt als ein Meilenstein in der Geschichte der Toleranzidee. Sie hat in vieler Hinsicht so auch auf die Folgezeit gewirkt.[38] Die Wirkungsgeschichte dieser Schrift ist beträchtlich.[39] Es ist freilich nicht einfach, diese Schrift in Übereinstimmung mit dem umfassenden Denken des Nikolaus von Kues zu bringen. So urteilt K. Flasch auch über die weitere Bedeutung dieser Toleranzschrift, obgleich sie ein entscheidendes Dokument in der Geschichte dieser Idee ist: »Aber eine prinzipielle Toleranz im späteren Sinne lehrt sie nicht. Cusanus meinte, bei der Philosophenbesprechung allen Weisen mit philosophischen Argumenten zeigen zu können, ihre Religionen seien zwar äußerlich verschieden, deuteten aber auf ein richtig, nämlich philosophisch weitherzig ausgelegtes neuplatonisierendes Christentum. Er wollte die Verschiedenheit der Riten dulden. Das war neu. Aber er wollte sie nur deshalb dulden, weil er glaubte, beweisen zu können, sie seien Teilwahrheiten des philosophisch gedeuteten Christentums.«[40] Gewiss sind manche Ansätze des Cusanus erst später deut-

licher in die Konzeption des Toleranzbegriffes einbezogen
worden (z. B. Wahrheitserkenntnis durch Annäherung, zeitliche Komponente der Religion, Irrtumsanfälligkeit des Menschen usw.). »Was für den Cusaner Grundvoraussetzungen
der Eintracht waren, machten aufgeklärte Denker zu Bestim-
mungsgründen eines Toleranzverständnisses, das Vielfalt
nicht mehr als Herausforderung zur Herstellung von Eintracht, sondern als Ausdrucksform einer schlechterdings un-
erreichbaren allgemeinen Wahrheit betrachtete.«[41]

Dies ist jedoch noch nicht alles, was zur Bedeutung der
cusanischen Idee der Toleranz gesagt werden kann. Dies muss
im Zusammenhang der weiteren Überlegungen erst noch entfaltet werden. Ich möchte jedoch wenigstens die Richtung
andeuten, in der das Denken des Cusanus noch fruchtbarer
wird und benütze dafür die Zusammenfassung einer Studie
von G. Krieger: »Diese Bedeutung liegt nicht in einem Beitrag zu der genannten Idee, soweit diese im engeren Sinne die
Anerkennung und Achtung des anderen in seiner Andersheit
meint (Toleranz im allgemeinen Sinne). Insofern sich mit dieser Idee allerdings der Gedanke kreativer Fortentwicklung
und Ausgestaltung eigener Wahrheit wie ihrer Vermittlung
mit der Wahrheit des anderen verbindet, stellt die Bejahung
der Perspektivität oder Standortgebundenheit menschlicher
Erkenntnis in den beiden dargelegten Aspekten durchaus
einen Beitrag zur Entwicklung der Idee der Toleranz dar.«[42]

5. Schritte auf den modernen Pluralismus hin in
   der Reformationszeit

Wir blicken jedoch nicht sofort auf die immer schon nahelie-
gende Phase des Toleranzgedankens in der Aufklärung, son-

dern müssen uns noch mit der Frage beschäftigen, wie Toleranz und Intoleranz im Zeitalter der Reformation, besonders bei Martin Luther, verstanden wird. Wir müssen dabei viele andere aufschlussreiche Positionen dieser Zeit übergehen, so etwa Erasmus von Rotterdam, aber auch die anderen Reformatoren.[43]

Das Thema des Verhältnisses der Reformation zur Toleranz hat im Zusammenhang der Vorbereitung des Reformationsjubiläums im Jahr 2017 eine neue Aktualität erhalten. Denn in dem zehn Jahre umfassenden Aufriss der zu behandelnden Themen als Vorbereitung auf dieses Gedenkjahr bildet das Verhältnis der Reformation zur Toleranz bis heute das Zentrum vieler Veranstaltungen. In diesem Zusammenhang erschien auch ein offizielles Themenheft »Schatten der Reformation. Der lange Weg zur Toleranz«.[44] Die Eröffnung dieses Themenjahres erfolgte in der Lutherstadt Worms.

Wenn man die Lutherstätte Worms nennt, kann man nicht die Bedeutung des bekannten Auftritts Luthers 1521 vor Kaiser und Reichstag für unser Thema übersehen. Schließlich bezieht sich Luther beim Widerstand gegen den verlangten Widerruf auf die Unverletzlichkeit des Gewissens: »Und so lange mein Gewissen durch die Worte Gottes gefangen ist, kann und will ich nichts widerrufen, weil es unsicher ist und die Seligkeit bedroht, etwas gegen das Gewissen zu tun. Gott helf mir! Amen.«[45] Diese Aussage ist bis heute *das* prägende Wort für die protestantische Tradition geblieben. Es ist ein »Schlüsseltext des Protestantismus« (Bernd Moeller), das gewiss einen zentralen Baustein im neuzeitlichen Verständnis der Toleranz ausmacht. Insofern war auch Worms der richtige Ort für die Eröffnung dieses Themenjahres und wird bei den Reformationsfeiern ein Zentrum evangelischer Identität bleiben.

In der Lutherforschung der vergangenen Jahrzehnte und

Jahre ist aber deutlich geworden, dass dieses Wormser Bekenntnis in der geläufigen Form »Hier stehe ich, ich kann nicht anders, Gott helfe mir« zwar weitreichende Anstöße für die moderne Toleranz gegeben hat, aber nicht verdecken kann, wie mühsam und schwierig das Durchsetzen einer allgemeinen Toleranz gerade auch durch Luthers eigenständiges Denken und Handeln gewesen ist. Es gibt bei ihm gewiss Anhaltspunkte, die die moderne Entwicklung förderten. Ein Leben lang war für Luther wichtig, dass Glauben sich nicht erzwingen lasse. Jede Gewalt um des Glaubens willen lehnte er ab. Aber er war, gestärkt durch die Erfahrungen des Bauernkrieges und des zunehmenden Widerstandes gegen das Wittenberger Reformationsmodell, von der inneren Notwendigkeit einer uneingeschränkten kirchlichen und glaubensmäßigen Einheit überzeugt. Dies verband ihn mit dem bisherigen »alten« Denken. Dies zeigte sich ganz besonders in Luthers Haltung gegenüber den Türken, »Papisten«, Täufern und vor allem in den späten Judenschriften. Der ausschließliche Wahrheitsanspruch trieb Luther auch dazu, bei den weltlichen Autoritäten Vertreibungen durchzusetzen, gewiss nicht durch Feuer oder Schwert wie bei anderen religiösen Führern der Zeit. Aber es bleibt bei dem, was Heinz Schilling in seiner Luther-Biografie[46] so formuliert: »Luther war Toleranz in modernem Sinne fremd. Eine Pluralität religiöser Wahrheit konnte er sich nicht vorstellen.« Dies hängt nicht nur mit seinem prophetischen Selbstbewusstsein zusammen. Vielmehr gilt: »Von Pluralismus im modernen weltanschaulichen Sinne war auch das multipolare Europa der Konfessionen noch weit entfernt. Der von Luther angestoßene Prozess religiös-weltanschaulicher Differenzierung konnte erst nach weiteren schweren Kämpfen in den modernen Pluralismus münden… In der modernen Welt sind Politik und Religion getrennt, für den Reformator in dieser Form undenkbar, aber dennoch eine Konsequenz seiner Reformation.«[47] Gewissensfreiheit musste sich mehr und mehr auch und gerade für Andersdenkende und Fremde erst durchsetzen. Man denke auch an das Verhältnis Luthers zu den Calvinisten. »Gleichwohl hat seine ganz anders motivierte Rebellion gegen den exklusiven und autoritären Wahrheitsanspruch der kirchlichen Hierarchie dazu beigetragen, der neuzeitlichen Toleranz und dem modernen Pluralismus den Weg zu ebnen.«[48]

Dies darf jedoch nicht darüber hinwegsehen lassen, in welcher Weise Martin Luther trotz einiger Anstöße der traditionellen Denkweise verbunden ist. »Zugleich vertrat Luther die Auffassung, dass das Evangelium die einzig wahre Religion sei und deshalb keine andere als gleichberechtigt neben sich dulden könne. Kirchlicher Pluralismus, der den neu sich bildenden Konfessionen Rechnung trug, widersprach seiner Auffassung vom Absolutheitsanspruch des Evangeliums. In seiner Forderung nach kirchlicher Universalität und absoluter Gültigkeit des Christentums blieb Luther den Grundstrukturen der altkirchlichen Glaubens- und Kirchenlehre verhaftet. Innovativ wirkte er im Gebrauch von ›tolerantia‹ sowie in der Bildung des deutschen Wortes ›Toleranz‹.«[49] Bei Luther erhielt freilich der Begriff der Toleranz auch eine negative Prägung, weil er den Plan der Katholiken einer wechselseitigen Duldung bis zu einem Konzil ablehnte. Toleranz könnte dann zu »ewiger Härte« werden. Insofern könne ewige Toleranz auch zum Deckmantel einer beabsichtigten geistlichen Tyrannei werden.[50] Es ist verständlich, dass mit der fortschreitenden Reformation und besonders im Konfessionalisierungsprozess eher eine solche Verhärtung eintrat, die auch in der Katholischen Reform bzw. »Gegenreformation« ähnlich in Erscheinung trat.

Es lässt sich jedoch nicht übersehen, dass neben dieser Hauptstoßrichtung der zerstrittenen christlichen Kirchen und Gemeinschaften im Namen eines spiritualisierten Kirchen- und Gottesverständnisses sowie einer rationalen Religiosität die in der Zeit übliche Ketzerpraxis aller Konfessionen rasch an Zustimmung verliert. Dies gilt besonders auch für die Vertreter einer mystischen Spiritualität.[51] Immer stärker wird auch die Überzeugung, der Begriff der Toleranz enthalte von Hause aus ein Machtgefälle und ein Bewusstsein der Überlegenheit, schmälere aber den wirklichen Absolutheitsanspruch, den nur die Liebe im Sinne des Hohen Liedes des hl. Paulus (1 Kor 13) erheben könne.

Es wurde früher schon darauf hingewiesen, dass der Begriff »Toleranz« in den Friedensdokumenten der Reformationszeit kaum oder gar nicht erscheint. Gedanken des Friedens und der Eintracht bestimmen jedoch die Wertvorstellungen, z. B. im Augsburger Religionsfrieden (1555). Das Verlangen nach konfessioneller Geschlossenheit, was ja durchaus einem sehr alten Bedürfnis gesellschaftlich-politischer Einheit entsprach, behielt noch lange die Oberhand. Erst während der Aufklärung kommt es zu einer säkularen Generalisierung des Toleranzbegriffs, der nun zusätzlich verwendet wird für die Bereitschaft, nicht nur im religiösen, sondern auch im moralisch-philosophischen sowie im politischen Bereich Andersdenkende gelten zu lassen.

6. Säkulare Generalisierung des Toleranzbegriffs in der Aufklärung

Damit ist auch der Weg bereitet hin zum Zeitalter der Aufklärung. Toleranz, im 18. Jahrhundert oft als »Duldsamkeit in Religionsdingen« verstanden, gehörte zu den Leitideen der Aufklärung. Dabei blickte man nicht nur auf die Verwüstungen früherer Religionskriege, sondern war auch unzufrieden mit dem seit dem Augsburger Religionsfrieden (1555) herrschenden Prinzip »*Cuius regio, eius religio*«. Es waren die großen Beiträge zur Toleranzdebatte, die schon vor der Wende des Jahrhunderts erschienen: Spinoza, Bayle, Locke, Voltaire.[52] Die wichtigsten Elemente sind uns schon auswahlweise bekannt: Der Mensch kann auf sein freies Urteil nicht verzichten; der Staat muss religiös neutral sein, um den Frieden sichern zu können; es bedarf des Respektes auch vor einem irrenden Gewissen; schließlich gab es auch eine große Hoffnung auf ökonomischen und kulturellen Aufschwung. Eine Atmosphäre des Indifferentismus gegenüber der Religion wurde stärker. Die Deisten erklärten die Anerkennung Gottes und die Befolgung seiner moralischen Gebote für das einzig Heilsnotwendige. Schließlich gab es auch Forderungen einer rechtlichen Gleichstellung der Juden und der Anerkennung des Islam. Die Deisten wurden freilich nicht als eigenständige Religionsgemeinschaft anerkannt. Hinter diesen Forderungen geht es jedoch um mehr als Toleranz allein, vielmehr steht die Religions- und Gewissensfreiheit im Zentrum.[53] Darüber braucht jetzt nicht ausführlicher die Rede zu sein.

Die »Aufklärung« ist dabei kein so einheitliches Phänomen, wie dies vielleicht zuerst in Erscheinung treten mag. Dabei geht es nicht nur um den Unterschied zwischen Frankreich und Deutschland, sondern auch um die recht verschiedenen Ausprägungen des Anspruchs auf Aufklärung in unterschiedlichen Regionen, etwa zwischen den Illuminaten in Bayern und einer stärker norddeutsch-protestantisch orientierten Aufklärung. Von ihr sagt R. Koselleck: »Sie vollzog sich in einer dauernden Osmose zwischen Theologie und Philosophie. Die theologischen Positionen wurden weniger direkt angegriffen als vielmehr indirekt zurückgedrängt. Kirchliche Positionen wurden gleichsam ausgehöhlt, denn die deutsche Aufklärung blieb, man gestatte die Verallgemeinerung, im Kern selbst religiös.«[54]

Es ist aber auch nicht zu übersehen, dass die Aufklärung z. B. mit ihrer Forderung nach einer Moralreligion einen Ausschließlichkeitsanspruch vertrat, »der sich als implizite Intoleranz definieren ließe.«[55] Man kann hier durchaus auch an Kant denken. So stellt sich mehr und mehr auch die Einsicht ein, dass die Aufklärung nach einem Wort Hegels selbst »unbefriedigt« ist.[56] Sie muss z. B. ihre angebliche Voraussetzungslosigkeit selbstkritisch reflektieren, denn wir sind viel mehr durch unsere Herkunft, durch Traditionen und durch unsere Sprache bestimmt, als wir mit einem Konzept bloßer Vernunftaufklärung wahrnehmen können. Auch wenn man sich vom Wort »Aufklärung« löst, zeigt die Moderne durch ihren eigenen Prozess, dass sie z. B. als »Postmoderne« immer in ihrer Dynamik über sich hinausgeht. Deshalb sehen wir heute in der Aufklärung und in der Moderne mit den Worten von J. Habermas ein »unvollendetes Projekt«.[57] Dass dabei auch eine »Umformung des Christlichen« erfolgt, kann in diesem Zusammenhang nicht verfolgt werden,[58] darf aber auch nicht übersehen und gar übergangen werden.

Auch die Leitidee »Toleranz« wird im Übergang zum 19. Jahrhundert nochmals Wandlungen erfahren. Worin diese bestehen und auf welche Antwort sie stoßen, werden wir beim weiteren Gang dieser Überlegungen verfolgen.

II. Vom Streit um die Toleranz im 19. Jahrhundert und vom Durchbruch zur Religionsfreiheit auf dem Zweiten Vatikanischen Konzil

Im ersten Gedankengang zur Toleranz in der europäischen Geschichte und Gegenwart haben wir das Ringen um die Religionsfreiheit bis zur Aufklärung behandelt. Dabei ist deutlich geworden, wie sehr die Gewährung von Toleranz vom gesellschaftlichen Kontext her mitbestimmt wird, aber auch welche Schwankungen in der Abfolge theoretischer Begründungen sichtbar werden. Durch die Kirchenspaltung im 16. Jahrhundert und die folgenden Konfessionsbildungen[59] hat sich der Streit um die Wahrheit des Glaubens verschärft, zugleich aber auch relativiert. Aus der religiösen Toleranz wurde immer stärker das umfassendere Problem der gesellschaftlichen und politischen Toleranz. Von der Antike an herrschte über viele Jahrhunderte die Überzeugung vor, die politische Einheit eines Landes bzw. einer Region erfordere auch dieselbe homogene geistige und religiöse Ausrichtung. Dies erschwerte bis in die Neuzeit hinein die Gewährung echter Toleranz im Staat und in staatlichen Gebilden. Wir haben auch gesehen, dass es ein mühsamer und langsamer Prozess war und ist, bis Vielheit und Vielfalt, was man später auch Pluralität nennt, gegenüber einer mehr uniform geprägten Einheit eine Anerkennung und Respektierung erfahren. Anfänge liegen im 12. Jahrhundert. Wir haben gesehen, wie sich in der Aufklärungszeit einzelne Elemente der vorausgehenden Diskussion sammeln und sich im Toleranzbegriff der

Aufklärung konzentrieren, der selbst freilich wieder vielfältig ist.

Wir wollen in knapper Form die weitere Entwicklung in der Aufklärungszeit untersuchen. Die Französische Revolution verschärft im 17. und 18. Jahrhundert die eher theoretisch und bisher duldsam geführte Diskussion.[60] Der Absolutismus wollte manches wieder im Sinne des Obrigkeitsstaats herstellen. Die Auseinandersetzung mit dem Liberalismus des 19. Jahrhunderts bestimmte auf weite Strecken vor allem den Streit zwischen der katholischen Kirche und liberalen Kräften, besonders wenn diese an die Regierung kamen. Nur langsam entspannte sich im 20. Jahrhundert diese heftige Auseinandersetzung, bis schließlich auch aufgrund »vorbereitender« Äußerungen der Päpste des 20. Jahrhunderts im Zweiten Vatikanischen Konzil nach heftigem Streit am 7. Dezember 1965 die Erklärung zur Religionsfreiheit *Dignitatis humanae* verabschiedet wurde. Die Diskussion über diesen herausragenden Text bestimmt auch noch unsere heutige Situation innerhalb der katholischen Kirche.

1. Auseinandersetzung mit dem Liberalismus im 19. Jahrhundert

Die Toleranzidee der Aufklärungszeit ist vielgestaltig. Da gibt es die alle Grenzen überwindende Humanitätsreligion, wie sie in G. E. Lessings Toleranzdrama *Nathan der Weise* (1779) erscheint.[61] Religiöse Toleranz gilt als der Weg zur Aufhebung von Dissens. Aber es gibt auch gegenüber diesem Toleranzideal Lessings eine andere Sicht, die eher einen gewissen Skeptizismus gegenüber aller Religion wiedergibt. Alle Wahrheiten sind relativ, alle Religionen sind letztlich

Illusionen und Projektionen. Es geht dabei weniger um die Durchsetzung eines Ideals, wie es bei Lessings *Nathan* erscheint, sondern um die Destruktion von Idealen. Dieser Desillusionismus hatte schon vor der Aufklärungszeit einzelne Vorläufer.[62] Darunter kann man auch Friedrich II. von Preußen nennen, Voltaire-Schüler, der jedem seiner Untertanen zubilligte, nach seiner Façon selig zu werden, wobei er im Grunde jede Façon für nicht bedeutsam hielt.

Unter den Reformen dieser Zeit, vor allem in Preußen, zählen manche Akte, die auch die Toleranz betreffen, so z. B. das sogenannte Wöllnersche Religionsedikt 1788.[63] Am wichtigsten dürfte aber das Allgemeine Landrecht für die preußischen Staaten vom 1. Juni 1794 sein. Es definierte die Rechte und Pflichten der Kirchen und geistlichen Gesellschaften wie folgt: »§ 1. Die Begriffe der Einwohner des Staats von Gott und göttlichen Dingen, der Glaube und der innere Gottesdienst können kein Gegenstand von Zwangsgesetzen sein. § 2. Jedem Einwohner im Staat muss eine vollkommene Glaubens- und Gewissensfreiheit gestattet werden. § 3. Niemand ist schuldig, über seine Privatmeinungen in Religionssachen Vorschriften vom Staat anzunehmen. § 4. Niemand soll wegen seiner Religionsmeinungen beunruhigt, zur Rechenschaft gezogen, verspottet oder gar verfolgt werden... § 40. Jedem Bürger des Staats, welchen die Gesetze fähig erkennen, für sich selbst zu urteilen, soll die Wahl der Religionspartei, zu welcher er sich halten will, frei stehen.«[64] Dies ist für die deutsche Verfassungsgeschichte und darin eben für die Gewährung von Gewissens- und Religionsfreiheit ein wichtiges Dokument.[65] Es zeigt, in welchem Maß aus den vielen Auseinandersetzungen, die auch weltanschauliche und religiöse Konfliktpunkte enthalten, ein nüchterner Text werden kann. In diesem Sinne ist das »Landrecht« auch eine wichtige Vorstufe für die heutigen Regelungen.[66]

Gewiss ist eine solche Regelung auch ambivalent. Das Wort Friedrichs II., in seinem Staat könne jeder nach seiner Façon selig werden, kann als Ausdruck von Freidenkertum und Indifferentismus verstanden werden. Aber es ist nicht einfach ein Freibrief für Irreligiosität oder atheistische Propaganda, wie man oft meint, »sondern als Abwehr eines evangelischen Vorstoßes gegen die katholischen Schulen [zu sehen], die für die katholischen Soldatenkinder in Potsdam errichtet worden waren«[67].

Insgesamt spitzte sich das Verhältnis des Liberalismus zur katholischen Kirche zu. Die Gründe und die Situation werden von Th. Nipperdey in einer Zusammenfassung dieser schwierigen Konstellation folgendermaßen umschrieben: »Die Kirche war gegenüber den Staats- und Verfassungsformen wie gegenüber den politischen Ideen und Bewegungen der Zeit prinzipiell neutral. Keine der politischen Theologien – der Legitimisten, der Liberalen, der Demokraten – hatte sich durchsetzen können. Freilich, in ihrer Lehre stellte sich die Kirche gegen die Grundsätze der modernen Politik: gegen den säkularen Staat, gegen das Prinzip der Volkssouveränität – denn nicht das autonome Volk konnte Staat und Herrschaft begründen, sondern allein Gott –, gegen die liberale Autonomie des Individuums, den liberalen Individualismus und Rationalismus, ja gegen die liberalen Freiheiten, deren Indifferentismus dem Anspruch auf Wahrheit widersprach. Der Liberalismus, der die Bindungen auflöste und die geistig-moralische wie institutionelle Autorität der Kirche bekämpfte, das war der eigentliche Feind. Und die Katholiken, Ketteler hat das groß ausgeführt, bestritten den Liberalen vehement den Monopolanspruch auf Humanität, Vernunft und Kultur.«[68]

Ich verzichte hier auf eine genauere Unterscheidung zwischen dem früheren und dem späteren Liberalismus, was z. B. für Bischof von Ketteler bedeutsam ist.[69] Es ist wichtig zu sehen, dass die Konfliktsituation zwischen der Kirche und dem Liberalismus vor allem von zwei Voraussetzungen bestimmt ist. Die Kirche wendet sich nicht gegen den Liberalismus, weil er die Religionsfreiheit vertrat, wie oft interpretiert wird. Sie wendet sich vor allem durch Papst Gregor XVI. zunächst einmal gegen die philosophische Prämisse von der absoluten Autonomie der individuellen Vernunft und gegen das politische Prinzip der juridischen Allgewalt des Staates. Der Liberalismus war angetreten unter dem Banner der Freiheit und er wollte auch, dass jeder Mensch seine eigene Religion wählen sollte, aber er konnte sich von atheistischen Zügen nicht freimachen. In den staatlichen Freiraum drängte sich der Atheismus, der nicht selten als Staatsreligion eingesetzt wurde. Tatsächlich folgte auf den Liberalismus der Absolutismus, der alle Rechte vom Staat ausgehen lässt.[70] Damit konnte sich die Kirche nicht abfinden, dass sie sich nämlich vor allem nur als Instrument des Staates verstehen sollte.

So kann man auch für diese Beschreibung des Liberalismus den Begriff der totalitären Demokratie oder eines absolutistischen Liberalismus anwenden. Zu dieser Deskription gehören folgende Grundsätze: Das Leben des Menschen ist nur nach einem einzigen Entwurf ausgerichtet, dem politischen; im Politischen gibt es nur eine einzige Wahrheit; politische Tugenden werden rein rational verstanden ohne jeden Bezug auf Transzendenz; es gibt eine unbegrenzte staatliche Souveränität; zu den Feinden dieses Staatsverständnisses gehört vor allem die katholische Kirche.[71] Es ist eine gewisse Tragik und erklärt auch die Heftigkeit des Zusammenstoßes des Liberalismus mit der Kirche, dass er in dieser Auseinan-

dersetzung seine eigenen Grundsätze verriet. »Die in diesem
Sinne im deutschen Sprachraum schon in den 60er Jahren
des 19. Jahrhunderts als Kulturkampf bezeichneten Auseinandersetzungen hatten allerdings nicht selten, gipfelnd in
einer Reihe von Ausnahmegesetzen gegen die katholische
Kirche und ihre Vertreter, die Preisgabe liberaler Prinzipien
und die Wiederbefestigung obrigkeitsstaatlicher Strukturen
zur Folge. So erwies sich gerade hier der Siegeszug des Liberalismus als höchst ambivalent.«[72] Dies hatte auch seine Folgen für die kirchliche Mentalität.

Dennoch darf man das Ergebnis für die katholische Kirche nicht nur negativ sehen. Gewiss war es ein vielfältiger
Verlust in der Begegnung mit der Moderne und ihren Kräften. Die Art der Auseinandersetzung hat auch die eigene
Position verhärtet, und zwar für längere Zeit. Die Sensibilität
für die »Zeichen der Zeit« nahm Schaden. Aber die Kirche
ließ sich auch nicht beugen. Sie hat ihre eigene Freiheit erfolg-
reich verteidigt, auch wenn es herbe Verluste und empfindli-
che Schmerzen hinzunehmen galt. Th. Nipperdey spricht
einerseits von einem »Jahrhunderttatbestand ... [eines] Anti-
katholizismus der Liberal-Nationalen kleindeutscher Prägung«, andererseits aber auch von der »gelungenen Selbstbehauptung« der Kirche, »die Selbstbehauptung einer Minderheit in Opposition zum politisch-gesellschaftlichen Estab-
lishment wie zu den herrschenden Tendenzen der Zeit«[73].
Vielleicht haben wir eine solche Bewertung vor allem der
Kirche des 19. und frühen 20. Jahrhunderts in einem eupho-
rischen Überschwang nach dem Zweiten Vatikanischen Konzil zu sehr vergessen.

2. Letzte Zuspitzungen und Stationen eines Übergangs

Von kirchlicher Seite aus erfolgte im Jahr 1864 zugleich mit der Enzyklika *Quanta cura* die Sammlung 80 moderner verurteilter Irrtümer, dem sogenannten *Syllabus*. Die einzelnen Verurteilungen sind früheren Schriften und Reden Gregors XVI. und Pius' IX. entnommen. Die Sätze sind gewiss wörtlich oder der Sache nach bei verschiedenen Vertretern des Liberalismus zu finden, aber sie stehen so, wie viele solche isolierten Aussagen, Missdeutungen offen. Besonders scharf sind die Äußerungen in der Enzyklika selbst, wo eine autonom interpretierte Gewissensfreiheit und Religionsfreiheit geradezu mit Gregor XVI. als ein »Wahn(sinn)« bzw. »Fieberwahn« (*deliramentum*) bezeichnet werden.[74] Im Syllabus selbst sind die Sätze 15 und 16 im Blick auf die Religionsfreiheit aufschlussreich: »15. Es steht jedem Menschen frei, diejenige Religion anzunehmen und zu bekennen, die man, vom Licht der Vernunft geführt, für wahr erachtet. 16. Die Menschen können im Kult jedweder Religion den Weg zum ewigen Heil finden und das ewige Heil erlangen.«[75] Mit Recht urteilt K. Schatz: »Der Grad der Verurteilung wird nicht angegeben; dadurch entsteht ein Gesamttenor der undifferenzierten Verurteilung der Moderne, der ... wohl von den Verfassern (besonders in der Verurteilung des Schlusssatzes: ›Der Papst kann und muss sich mit Fortschritt, Liberalismus und moderner Zivilisation versöhnen und abfinden‹) emotional intendiert (wenn auch nicht lehramtlich sanktioniert) ist. Aber auch in der gemäßigten Interpretation müssen eine Reihe der Verurteilungen (insbesondere der Religionsfreiheit) als heute überwunden gelten.«[76] Heute verteidigt wohl auch kaum jemand unter den namhaften Theologen die höchste

Verbindlichkeitsstufe für diese Enzyklika, die im 19. Jahrhundert sehr oft mit der Unfehlbarkeit des Papstes und des kirchlichen Lehramtes in Verbindung gebracht worden ist.[77] Solche Aussagen wurden eine schwere Hypothek für das Verhältnis der Kirche zur Moderne.

Man kann unschwer erkennen, wie sich von beiden Seiten her die Ablehnungen und die Verurteilungen steigern. Es ist dadurch im Verhältnis der Kirche und der Demokratie, besonders in Gestalt des modernen Liberalismus des 19. Jahrhunderts, ein Klima entstanden, das erst nach langer Zeit einigermaßen bereinigt werden konnte.[78] Ich wähle aus dem kommenden Jahrhundert zwei Texte, die eine Bewegung innerhalb der katholischen Kirche anzeigen. Ich nenne zuerst die sogenannte Toleranzrede Papst Pius' XII. vom 06.12.1953, wo als Grundregel der religiösen und sittlichen Toleranz aufgestellt wird: »1. Was nicht der Wahrheit und dem Sittengesetz entspricht, hat objektiv kein Recht auf Dasein, Propaganda und Aktion. 2. Nicht durch staatliche Gesetze und Zwangsmaßnahmen einzugreifen, kann trotzdem im Interesse eines höheren und umfassenderen Gutes gerechtfertigt sein.« Dafür wird auch als Grundprinzip formuliert: »... in den Grenzen des Möglichen und Erlaubten alles zu fördern, was die Einheit erleichtert und wirksamer macht; einzudämmen, was sie stört; manchmal zu ertragen, was sich nicht aus dem Weg räumen lässt und um dessentwillen doch die Gemeinschaft der Völker nicht scheitern darf wegen des höheren Gutes, das man von ihr erwarten kann. Die Schwierigkeit liegt in der Anwendung dieses Prinzips.«[79] Ein zweites Zeugnis soll aus der Enzyklika *Pacem in terris* von Johannes XXIII. vom 11.04.1963, also schon aus der Zeit während des Zweiten Vatikanischen Konzils, angeführt werden: »Zu den Rechten des Menschen ist auch dies zu zählen, dass er sowohl

Gott nach der rechten Norm seines Gewissens verehren als auch seine Religion privat und öffentlich bekennen kann.«[80] Diese beiden Texte zeigen zwei Stationen auf, die aber schon in die Zeit des Zweiten Vatikanischen Konzils hinüberleiten, das eine neue Phase in der Lehre über die Religionsfreiheit eröffnet.[81]

3. Religionsfreiheit als staatlich gewährleistetes und geschütztes Freiheitsrecht

Eine Instanz, die den Streit um die Wahrheit in der frühen Neuzeit verbindlich beenden konnte, war – wie wir schon früher gesehen haben – nicht vorhanden. Papst und Konzil, lange die obersten Instanzen der in sich einen Christenheit, waren selbst Partei des Kampfes geworden. Wollte man überhaupt wieder zum Frieden kommen, so blieb offenbar in dieser heillosen Lage nur der Ausweg, dass die politische Ordnung sich auf sich selber stellt. Sie suchte ihren Grund und ihr Ziel unabhängig von der religiösen Wahrheit. Die Erhaltung des äußeren Friedens, der öffentlichen Sicherheit und der gesellschaftlichen Ordnung wurden die Hauptaufgabengebiete. Die Frage der Anerkennung der Religion war damit nicht mehr eine religiöse Angelegenheit, sondern wurde politisch gelöst. Das Problem der anerkannten öffentlichen Religion war nicht mehr eine Frage der Wahrheit, sondern eine Frage der Politik. Die Religionsfreiheit war – angesichts der Ausschließlichkeitsansprüche der widerstreitenden Religionsparteien – nur über den Staat und seine politische Entscheidungsmöglichkeit zu erreichen. Nach einigen Vorstufen ist die Religionsfreiheit schließlich als staatlich gewährleistetes und geschütztes Freiheitsrecht Wirklichkeit geworden. Freilich ist sie zeitweise und

gelegentlich wieder infrage gestellt worden, wie der Kulturkampf in Deutschland und die laizistische Kirchengesetzge-
bung in Frankreich um die Jahrhundertwende zeigen, selbstverständlich auch die Politik vor allem der osteuropäischen
Staatsdiktaturen marxistischer Prägung.

Für den Christen von heute steckt hinter dieser Entwicklung eine bittere und schmerzliche Erkenntnis: Religionsfreiheit, die heute auch den Christen weithin selbstverständlich
ist, verdankt sich in ihrer Entstehung und modernen Ausprä-
gung nicht den Kirchen und auch nicht der Theologie, sondern dem modernen Staat, den Juristen und dem weltlichen,
säkular-rationalen Recht.[82] Der Preis für diese Entwicklung
war für alle ziemlich hoch. Die staatliche Ordnung musste
»weltlich« werden und sich von der Verwurzelung in der
wahren oder überhaupt einer konkreten Religion ablösen,
wenn man eine neue allgemeine Grundlage finden wollte, die
alle Bürger betrifft und den nicht zu schlichtenden Streit
zwischen den Konfessionen hinter sich lässt. Die Religion
konnte auf diese Weise nicht mehr ein integrierender Be-
standteil der politischen Ordnung sein. Der Staat erklärte
sich gegenüber der religiösen Wahrheit neutral. Die Frage des
religiösen Bekenntnisses wurde vom Grundsatz her eine persönliche, ja schließlich private Angelegenheit des einzelnen
Bürgers. Bereits 1562, am Vorabend der Hugenottenkriege in
Frankreich, hat der Kanzler des Königs von Frankreich,
Michel de L'Hôpital, das Grundprinzip für die künftige Entwicklung ausgesprochen: »Nicht darauf komme es an, wel-
ches die wahre Religion sei, sondern wie man beisammen
leben könne.«[83] Die Religion wird aus dem Bereich des Staates in die »Gesellschaft« verwiesen, der Staat als solcher wird
von der Religion »emanzipiert«. Das doppeldeutige Wort vor
allem Hegels von der »Freigabe« entsteht.

Es ist eine tiefe, geradezu tragische Entwicklung, die m. E. in den Kirchen bis heute noch nicht in ihrer besonders für unser Land zerstörerischen Wirkung wahrgenommen wurde: Wenn die Menschen wieder zu Ruhe, äußerem Frieden, Sicherheit und Ordnung gelangen wollten, war dies nur möglich unter Absehung von der Wahrheit des Glaubens. Die Ausklammerung der Wahrheitsfrage erwies sich dabei als ein Verlust an Orientierung. Sie rückte auch beide großen Konfessionen in gewisser Weise an den Rand der Gesellschaft und beraubte sie der bisherigen Einwirkungsmöglichkeiten. Die moderne Religionsfreiheit entwickelte sich aus dem Verfassungsrecht des konfessionellen Zeitalters, aus der Idee der »natürlichen Religion« und aus der Aufklärung des 18. Jahrhunderts.[84] Die Vertreter der Christenheit haben selbst nicht genügend erkannt, wie sich auf ihrem eigenen Boden Wahrheit und Freiheit miteinander versöhnen lassen. Es dauerte einige Zeit, bis das Recht der Wahrheit *und* der Anspruch der individuellen Freiheit auf dem Boden des Freiheitsrechts der Person miteinander versöhnt werden konnten.

4. Katalytische Faktoren zur Ausbildung eines neuen Grundmodells

Diese Formulierung war eine Art Öffnung und Wegbereitung zur grundlegenden Besinnung auf dem Zweiten Vatikanischen Konzil. Dabei darf man nicht nur auf die Lehrentwicklung sehen, sondern muss vor allem auch die konkreten politischen Erfahrungen, die die Kirche des 19./20. Jahrhunderts in verschiedenen Ländern gemacht hat, ins Auge fassen, z. B. in den kommunistisch regierten Staaten, in Mexiko usw. Überhaupt darf man nicht nur auf die theoretische Entwicklung allein schauen. Es ist hier nicht der Ort, um ausführlicher darauf einzugehen, wie bei den Beratungen zur Religionsfreiheit auf dem Zweiten Vatikanischen Konzil die Bischöfe aus den Vereinigten Staaten von Amerika einen gewichtigen Einfluss hatten. Die Toleranzidee z. B. von J. Locke[85] gelangte schon früh nach Amerika. Unter Berufung auf das Beispiel Jesu lautet die Aussage immer wieder: Nachdem Gott keinen Zwang anwendet, dürfen auch die Menschen keinen Zwang ausüben. In den Gründungstexten der USA sind wichtige Orientierungspunkte für die kommende Entwicklung skizziert. Es wird eine Einheit von Naturrecht, Menschenrechten und Schöpfungstheologie postuliert. Die Gründungstexte, z. B. die Unabhängigkeitserklärung von 1776 und das Gesetz zur Einführung der religiösen Freiheit von 1779, sind im Bewusstsein erlassen, dass diese Rechte wirklich allen Menschen zustehen. Die Menschenrechte erheben einen prinzipiell universalen Anspruch. Der Staat hat keine Befähigung, in religiösen Angelegenheiten Entscheidungen zu treffen.

Das Neue an dieser Entwicklung besteht darin, dass hinter dieser pragmatischen Trennung von Staat und Kirche keine antireligiöse oder antikirchliche Absicht steht. Es findet sich nichts von den Feindseligkeiten der Französischen Revolution und des späteren Laizismus. Staatlich garantierte Religionsfreiheit ist keine Zumutung, vielmehr ist es eine Ermutigung der Glaubensgemeinschaften. Deswegen darf man den nordamerikanischen Einfluss nicht vergessen. Es war durchaus die Tendenz des nordamerikanischen Episkopats auf dem Konzil, diese Erfahrungen gesamtkirchlich zur Wirksamkeit zu bringen.[86] Wir wissen heute, welche große Rolle der amerikanische Jesuit John Courtney Murray bei der Redaktion des Textes spielte.[87] Darüber braucht hier nicht ausführlicher gehandelt zu werden.[88] Man erkennt jedoch leicht, wie heilsam für die Weltkirche ein nicht-europäischer Einfluss wurde, der freilich wiederum am Anfang europäische Wurzeln hat.

Die Erklärung über die Religionsfreiheit *Dignitatis Humanae* (= DH) vom 07.12.1965 trägt den wichtigen Untertitel »Das Recht der Person und der Gemeinschaften auf gesellschaftliche und bürgerliche Freiheit in religiösen Dingen«, verwendet also den bisherigen Begriff der Toleranz in der endgültigen Fassung nicht mehr.[89] Der Begriff der Toleranz hatte ja immer schon den Beigeschmack, es handele sich um etwas, was nicht sein sollte. Die klassische Theorie der Toleranz, auch noch in der bekannten Toleranzansprache Pius' XII. von 1953 vertreten, hatte zwei entscheidende Grundsätze: »Was nicht der Wahrheit und dem Sittengesetz entspricht, hat objektiv kein Recht auf Dasein, Propaganda und Aktion. Nicht durch staatliche Gesetze und Zwangsmaßnahmen einzugreifen, kann trotzdem im Interesse eines höheren und umfassenderen Gutes gerechtfertigt sein.«[90] Der Irrtum hat kein Recht gegenüber der Wahrheit. Dieser klassische Grundsatz war in den Beratungen des Konzils immer hoch umstritten.

Hier muss daran erinnert werden, dass damit auch Gedanken aufgenommen werden, die Papst Leo XIII. in seiner ersten Sozialenzyklika *Rerum novarum* (1891) andeutete. Im Blick auf die moderne Freiheitsidee wird Freiheit zwar zunächst sehr stark mit Beliebigkeit, Subjektivismus oder Hemmungslosigkeit gleichgesetzt. Am Liberalismus wird kritisiert, dass er tendenziell totalitär sei, weil er das Leben ohne Rücksicht auf Gott ordnen wolle. Leo XIII. lehnt jedoch nicht alle neuen Freiheitspostulate ab, sondern nur jene, die Gottes Bedeutung und Autorität ablehnen. Wahre Freiheit ist letztlich nur möglich, wenn die Weisungen Gottes aner-

kannt werden. In diesem Zusammenhang ist das Modell der
»These-Hypothese-Relation« wichtig: Nur besondere Gründe
im Hinblick auf das Gemeinwohl können es gestatten, dass
dem Irrtum, der grundsätzlich kein Recht hat gegenüber der
Wahrheit (= These), gleichwohl Existenz zuerkannt werde,
dies aber niemals als Prinzip, sondern immer nur faktisch als
Hinnahme eines Übels (= Hypothese). Prinzipiell, d. h. unter
normalen Bedingungen in einem katholischen Staat, exis-
tiere die Verpflichtung der Verantwortlichen, irrige Religionen zu verbieten. Alles andere, auch die Anerkennung der
Religionsfreiheit, sei eine Form des Liberalismus. Es bedarf
besonderer Verhältnisse und der Notwendigkeit, ein höheres
Gut zu verwirklichen, um vom Prinzip abzuweichen. Diese
Ausnahme gilt besonders, wenn die Kirche eine Minderheit
darstellt. Man kann verstehen, dass man auf dieser Grundlage des These-Hypothese-Modells faktische Kompromisse
und Duldungen akzeptieren, niemals aber Religionsfreiheit
als Prinzip und Recht anerkennen konnte. Nicht zufällig ist
deshalb auch diesem Modell Opportunismus und Heuchelei
vorgeworfen worden, weil nämlich die Möglichkeit, unter gewissen Umständen die Intoleranz zu vertreten, offengehalten
wird. Man hat im 20. Jahrhundert immer mehr erkannt, dass
diese Lehre in unerträgliche Aporien führt, weil sie einerseits
als reine Machtstrategie erscheint, anderseits nur ein äußerli-
ches Christentum hervorzubringen vermag. Man darf freilich nicht verkennen, dass sich dieses ungeeignete Modell bei
Leo XIII. und danach langsam zugunsten einer demokrati-
schen Interpretation zu verschieben beginnt. Aber grundsätzlich gilt: Diese Idee »begründete die lange Zeit so typische
Haltung fehlender Reziprozität: Man verlangte für sich
selbst, was man, war man in der Mehrheit, anderen nicht zu-
gestehen wollte«.[91]

Man muss dabei – wie schon gesagt – vor allem die Verän-
derungen wahrnehmen zwischen der traditionellen kirchlichen Lehre und den Konzilsaussagen. Ich will es nochmals
verdeutlichen: In den lehramtlichen Texten wurde noch bis
zum 1. Entwurf des Konzils *Über die Kirche* aus dem Jahr
1962 (9. Kapitel)[92] die Auffassung vertreten: Ist die Mehrheit
der Menschen in einem Staat katholisch, dann muss auch der
Staat katholisch sein. Für die Anhänger eines anderen Glaubens gibt es kein einklagbares Recht, diesen Glauben öffentlich zu bekennen. Ist die Mehrheit der Menschen in einem
Staat nicht-katholisch, dann muss sich der Staat nach dem
Naturrecht richten, d. h. er hat einzelnen Katholiken und der
Kirche alle Freiheit zu lassen. Man sieht deutlich, dass hier
Toleranz bloße Duldung ist. Nicht zuletzt deshalb trat allmählich an die Stelle des Begriffs »Toleranz« das Wort »Religionsfreiheit«. Das Thema der Konzilserklärung umfasst im
Übrigen die Beziehungen physischer und moralischer Personen in der menschlichen und politischen Gesellschaft sowie
das Verhältnis zur öffentlichen Gewalt in Sachen der Religion. Die Wahrheitsfrage wird nicht geleugnet, tritt aber in
den Hintergrund. In diesem Sinne wurde im Konzil immer
wieder über die alte These gestritten: »Nur die Wahrheit hat
Recht, der Irrtum – wie schon erwähnt – hat keinerlei Recht«.
Freilich gab es auch hier immer wieder einzelne Positionen,
die andere Wege gingen, wie J. H. Newman, J. Maritain,
J. C. Murray, Y. Congar.

5. Der Kern der Konzilserklärung zur Religionsfreiheit von 1965

Nun erfolgte im Konzil geradezu eine Art von »kopernikanischer Wende« (J. Isensee): Das Subjekt im Sinne des Rechts war bisher nicht der Mensch als Person, sondern »die Wahrheit«, zunächst ein weithin abstrakter Begriff. Die Wahrheit war konzentriert bei und in der Instanz, die über die Wahrheit entscheidet. Das Zweite Vatikanische Konzil ist von dieser Konzeption prinzipiell abgerückt und hat sich auf einen neuen Boden gestellt. Die Erklärung spricht – wie schon erwähnt – nicht mehr von Toleranz, sondern von dem »Recht auf religiöse Freiheit« und versteht dies als ein unabdingbares äußeres Recht der menschlichen Person zur persönlichen und öffentlichen Ausübung der Religion nach den Orientierungen des eigenen Gewissens. Dieses Freiheitsrecht besteht unabhängig von der objektiven Wahrheit der religiösen Überzeugungen des einzelnen Menschen und auch unabhängig von seinem persönlich-subjektiven Bemühen um diese Wahrheit. So heißt es in Art. 2: »Diese Freiheit besteht darin, dass alle Menschen frei sein müssen von jedem Zwang sowohl von Seiten Einzelner wie gesellschaftlicher Gruppen, wie jeglicher menschlichen Gewalt, so dass in religiösen Dingen niemand gezwungen wird, gegen sein Gewissen zu handeln, noch daran gehindert wird, privat und öffentlich, als Einzelner oder in Verbindung mit anderen – innerhalb der gebührenden Grenzen – nach seinem Gewissen zu handeln... So bleibt das Recht auf religiöse Freiheit auch denjenigen erhalten, die ihrer Pflicht, die Wahrheit zu suchen und daran festzuhalten, nicht nachkommen, und ihre Ausübung darf nicht gehemmt werden, wenn nur die gerechte öffentliche Ordnung gewahrt bleibt.« (DH 2) Dies ist der Kern der neuen kirchlichen Lehre, die in den einzelnen Schritten der »Erklärung« entfaltet wird. Das Konzil hat diese Aussagen aus der Würde der menschlichen Person, ja schließlich der Gottebenbildlichkeit gewonnen und auch theologisch nochmals untermauert, indem die Freiheit des Glaubensaktes vorausgesetzt wird, die auch die Möglichkeit enthält, nicht zu glauben.[93]

Die Erklärung übernimmt damit wesentliche Elemente des modernen Freiheitsgedankens und unterscheidet auch klar – und in dieser Form wohl zum ersten Mal so deutlich in einem Lehrdokument – zwischen der rechtlichen Ordnung und der moralischen Verpflichtung. Es bleibt freilich – und dies wird oft übersehen – eine moralische Pflicht, die religiöse Wahrheit zu suchen und an ihr festzuhalten, auch wenn das äußere Recht auf religiöse Freiheit davon nicht berührt wird. Die undifferenzierte Gleichsetzung von rechtlicher und moralischer Ordnung, die in den herkömmlichen Aussagen jede Lösung erschwerte, wurde aufgehoben. Die Wahrheit erhebt ihren Anspruch jedoch nur durch sich selbst, indem sie den Menschen im Gewissen berührt und ihn so »sanft und zugleich stark« durchdringt (DH 1). Hier spielt die Vermittlung des Gewissens eine zentrale Rolle (vgl. DH 3 und 11). Die staatliche Gewalt ist auch darum nicht zuständig: »Demnach muss die staatliche Gewalt, deren Wesenszweck in der Sorge für das zeitliche Gemeinwohl besteht, das religiöse Leben der Bürger nur anerkennen und begünstigen, sie würde aber ... ihre Grenzen überschreiten, wenn sie so weit ginge, religiöse Akte zu bestimmen oder zu verhindern.« (DH 3)

Diese Aussagen wurden in dem wohl leidenschaftlichsten und längsten Streit des Zweiten Vatikanischen Konzils gewonnen. Es war sicher der für die Beratung schwierigste

Text. Sechs verschiedene Textfassungen wurden – unabhängig von den Vor- und Zwischenstufen der Redaktion – im Verlauf des Konzils gedruckt. Es gab auch in der Konzilsmehrheit erhebliche Auseinandersetzungen um die Begründung. Ganz gewiss darf man das knappe Dokument zu den wichtigsten theologischen und rechtlichen Fortschritten auf dem Zweiten Vatikanischen Konzil rechnen. In diesem Sinn ist der Text vielleicht der wichtigste und folgenreichste kirchen- und theologiegeschichtliche Schritt. Der Text wurde nach dem Konzil zum oft angeführten Fundament verschiedener Menschenrechtserklärungen.[94] Diese Aussagen sind auch die Grundlage für die von den letzten Päpsten konsequent betriebene »Menschenrechtspolitik«.[95] Erfahrene Außenpolitiker sagen immer wieder, der Test auf die Geltung der Menschenrechte in einzelnen Ländern erfolge am besten im kritischen Blick auf die Praxis der Religionsfreiheit. Der frühere Außenminister H.-D. Genscher hat mir dies aufgrund seiner langen und umfassenden politischen Erfahrung mehrfach bestätigt.

Am 7. Dezember 1965 wurde der Text schließlich mit 2308 Ja- gegen 70 Nein- bei 8 ungültigen Stimmen angenommen und am gleichen Tag, dem 7. Dezember 1965, feierlich verkündet. E.-W. Böckenförde hat von Anfang an das Verdienst, auf die Tragweite und Bedeutung dieses Beschlusses aufmerksam gemacht zu haben.[96] Dies war und ist bis heute nötig. Der Beschluss hat freilich auch bis heute viel Widerspruch geerntet, was später noch genauer erläutert werden muss.

6. Das Ringen um die Religionsfreiheit als Leidensgeschichte für die Kirche

Ich komme nochmals auf eine wichtige Frage zurück, die E.-W. Böckenförde schon früh gestellt hat: Warum ist das Problem Religionsfreiheit für die Kirche so etwas wie eine Leidensgeschichte? Wir kommen hier rasch auf den tieferen Grund aller Religion. Besonders die biblisch-christliche Religion lebt von der Überzeugung der unverbrüchlichen Wahrheit des eigenen Glaubens. Der Glaube verliert rasch seinen authentischen Sinn, wenn er diese Gewissheit preisgibt.[97] Unvermeidlich scheint dann jedoch die Konsequenz zu sein, dass die christliche Religion die einzig wahre ist, da alle anderen Religionen diesen Gott so nicht kennen. Die Kirche wird spätestens seit dem 4. Jahrhundert von der Frage umhergetrieben, wie sich unter einer solchen Voraussetzung das Verhältnis der Christen zu den Nichtglaubenden und besonders auch zu den Häretikern gestaltet, die vom wahren Glauben abgefallen sind. Das Dilemma ist offenkundig: Wenn der Glaube eine Sache des Willens ist (Augustinus: *credere voluntatis est*), dann darf er nicht erzwungen werden. Dann können eigentlich nur die Verkündigung, besonders die Predigt, und das Mittel der Überzeugung sowie seine prägende Vorbildkraft zu ihm hinführen. Gewiss gab es Zwangsbekehrungen, vor allem oft gegen die Juden angewandt. Man denke auch an das Vorgehen Karls des Großen nach der Eroberung Sachsens. Dabei wird aber leider oft übersehen, dass es von Papst Gregor dem Großen, dem hl. Bonifatius, Papst Nikolaus I. und immer wieder in der Kirche deutliche Aussagen gibt, »dass man sie [die Heiden] durch Ermahnungen, Ratschläge, Gründe und nicht durch Gewalt von der Nichtigkeit der Götzenbilder überzeugen muss«[98]. Zweifellos hat

die Kirche sich jedoch oft zur Duldung von Gewalt hinrei-
ßen bzw. verführen lassen oder sich nicht genügend gewehrt,
wo sie für Zwecke der Macht von innen oder außen instrumentalisiert wurde.

Ein besonders schwieriges Kapitel ist dabei, wie wir schon
gesehen haben, die Anwendung von Zwangsmitteln und
Strafen gegen Häretiker.[99] Die weltliche Sanktion wird für
das geistliche Delikt in Anspruch genommen, weil der wahre
Glaube und seine Herrschaft erhalten bleiben sollen. Auch
Thomas von Aquin, der sonst ähnlich wie Augustinus durchaus einzelne sehr besonnene Ausführungen zur Freiheit des
Glaubens machen kann, spricht hier mit aller Härte.[100] Aber
schon Augustinus nimmt hier eine sehr unduldsame Haltung
ein. Der Hass gegen die Häretiker wurde nicht gebremst,
sondern eher voll befördert. Auch die Reformation steht noch
unter diesem unglücklichen Stern. Luther, Melanchthon und
Calvin denken ähnlich wie die mittelalterliche Kirche, wenn
vielleicht auch die Intensität der Verfolgung gemildert wurde.
Zwar gab es auch in dieser Zeit schon andere Stimmen, z.B.
bei Erasmus von Rotterdam,[101] aber sie konnten in der sich
eher verhärtenden Auseinandersetzung nicht die Oberhand
gewinnen.

Es ist eine große Tragödie – ich wiederhole es nochmals –,
dass die Kirchen als streitende Religionsparteien nicht in der
Lage waren, selbst diese Probleme zu lösen. Die politische
Ordnung löste sich daraufhin schrittweise von der Veranke-
rung in der Religion und suchte ihre Aufgabe unabhängig
von der religiösen Wahrheit in der Begründung und Erhaltung von äußerem Frieden, öffentlicher Sicherheit und Ordnung. Allmählich wurde die Frage der Toleranz auf der politischen Ebene von der Frage der Wahrheit getrennt und
damit von der faktisch destruktiven Unbedingtheit gelöst,

die in den konfessionellen Bürgerkriegen wütete. Die Gewährung religiöser Freiheit schritt stückweise voran, bis es im Lauf des 19. und endgültig im 20. Jahrhundert zur Anerkennung der vollen bürgerlichen Religionsfreiheit kam. Dies war nun nicht mehr eine im Einzelnen auch aufhebbare Duldung, sondern ein verbürgtes, unentziehbares Recht auf staatlicher Grundlage.

7. Zur Hermeneutik der spannungsvollen kirchlichen Aussagen

Die Kirche hat über lange Zeit an der alten Lehre festgehalten und nur notgedrungen Konzessionen gemacht. Dies darf man nicht herunterspielen. Aber gleichzeitig muss auch gesagt werden, dass vor allem im 19. Jahrhundert viele Äußerungen über die geforderte Religionsfreiheit außerhalb der Kirche oft sehr eng und – für die damalige Zeit offenbar kaum unterscheidbar – mit einem Indifferentismus und einer grundlegenden Verkennung der Wahrheitsfrage überhaupt verbunden waren.[102] Wenn man die Dokumente des 19. Jahrhunderts liest, muss man immer diese Situation vor allem des kirchlichen Lehramtes vor Augen haben. Es kam zu einem unheilvollen absoluten Gegensatz zwischen Wahrheit und Freiheit, Ethik und Recht. Beide Seiten haben dadurch Verluste erlitten, dass man dieses Verhältnis als feindliche Spannung, die prinzipiell unauflösbar war, gesehen hat. Noch heute findet man auf Schritt und Tritt ähnliche Überzeugungen, wenn z.B. der gesellschaftliche Friede, der einen fast unbegrenzten Pluralismus einschließt, gegen jeden Wahrheitsanspruch gesetzt wird.

An dieser Stelle erhebt sich die Frage, wie die lehramtli-

chen Äußerungen vor allem des 19. Jahrhunderts sich zu den
Aussagen des Zweiten Vatikanischen Konzils verhalten. Gewiss darf man die Differenz nicht herunterspielen oder gar
verharmlosen. Ich kenne keine Beispiele, wo eine Lehrentwicklung solche Differenzen in sich birgt. Dies erklärt auch
zum Teil die erheblichen Auseinandersetzungen auf dem
Konzil. Es gibt hier gewiss sehr unkluge apologetische Inter-
pretationsversuche im Blick auf Kontinuität und Entwicklung der Lehre. In diesem Sinne kann man gewiss z. B. zwischen der Enzyklika *Quanta cura* (1864) und der Erklärung
des Zweiten Vatikanischen Konzils einen kontradiktorischen
Gegensatz sehen. Dies hat immer wieder Ernst-Wolfgang
Böckenförde von seiner ersten[103] bis zu seiner vorläufig letzten
Veröffentlichung[104] herausgestellt. Man wird beim formalen
Vergleich der Texte gewiss nicht widersprechen können. Von
theologischer Seite darf man hier keine künstliche lehramt-
liche Kontinuität postulieren, die sich an den evidenten Brü-
chen vorbeischleicht. Man darf allerdings auch nicht die fast
vollständig verschiedene Kontextabhängigkeit der entgegen-
gesetzten Aussagen ganz übersehen und vernachlässigen.
E.-W. Böckenförde versucht in den neueren Veröffentlichungen eine differenzierte Auseinandersetzung, die »einer zuneh-
mend theologisch und ekklesiologisch nicht begründeten
Verkrampfung im Verhältnis von kirchlich-hierarchischer
Autorität und der Freiheit innerkirchlicher Diskussion und
Aktion entgegentreten« will.[105] Hier kann die Frage nicht
weiter erörtert werden. Der Radius der »Dogmenentwick-
lung« ist im Sinne einer wirklich verantwortungsvollen theologischen Hermeneutik größer, als man vielleicht außerhalb
der professionellen Theologie denkt. Ganz gewiss muss man
aber von theologischer Seite aus hermeneutische Spitzfindig-
keiten vermeiden, die man mindestens außerhalb der Fach-

theologie kaum zu verstehen vermag.[106] Aber gewiss hat auch der Unfehlbarkeitsanspruch vieler Theologen für manche Dokumente des 19. Jahrhunderts eine solche Situation heraufbeschworen. Auch in dieser Hinsicht ist *Dignitatis humanae* ein wahrer Befreiungsschlag.

8. Nachkonziliare Konsequenzen als Bestätigung und Bekräftigung

Es war zu erwarten, dass es nach dem Zweiten Vatikanischen Konzil in der Kirche Tendenzen und Strömungen geben wird, die diese »kopernikanische Wende« nicht anzunehmen bereit waren. In gewissen Kreisen war diese Ablehnung so groß, dass die Weigerung sich auf das ganze Konzil zu erstrecken schien. Die Erklärung zur religiösen Freiheit im Sinne der modernen Religionsfreiheit erschien z. B. Erzbischof Lefèbvre als eine »Charta des Indifferentismus«.[107] Es ist hier nicht der Ort, den Weg dieses neueren Traditionalimus nachzuzeichnen und zu widerlegen. Die Auseinandersetzung müsste hauptsächlich um den Begriff von Tradition gehen.[108] Man müsste auch den geistesgeschichtlichen und politischen Hintergrund der Priesterbruderschaft St. Pius X. analysieren.[109]

Die Kirche hat auf dem Zweiten Vatikanischen Konzil konsequent und radikal umgedacht. Papst Johannes Paul II. hat im Übrigen am 12. März 2000 in seinem Schuldbekenntnis der Kirche auch um Vergebung gebeten für die Verletzungen des Rechts auf Glaubensfreiheit und für die Verfolgung Andersgläubiger. Es ist gut, den ganzen Text zu hören, den sich der damalige Präfekt der Kongregation für die Glaubenslehre und der Papst geteilt haben. Kardinal Joseph Ratzinger, Präfekt der Kongregation für die Glaubenslehre (im Auftrag des Papstes): »Lass jeden von uns zur Einsicht gelangen, dass auch Menschen der Kirche im Namen des Glaubens und der Moral in ihrem notwendigen Einsatz zum Schutz der Wahrheit mitunter auf Methoden zurückgegriffen haben, die dem Evangelium nicht entsprechen. Hilf uns Jesus Christus nachzuahmen, der mild ist und von Herzen demütig.« – Stilles Gebet – Papst Johannes Paul II.: »Herr, du bist der Gott aller Menschen. In manchen Zeiten der Geschichte haben die Christen bisweilen Methoden der Intoleranz zugelassen. Indem sie dem großen Gebot der Liebe nicht folgten, haben sie das Antlitz der Kirche, deiner Braut, entstellt. Erbarme dich deiner sündigen Kinder und nimm unseren Vorsatz an, der Wahrheit in der Milde der Liebe zu dienen und sich dabei bewusst zu bleiben, dass sich die Wahrheit nur mit der Kraft der Wahrheit selbst durchsetzt. Darum bitten wir durch Christus unseren Herrn.«[110]

Auch in vielen Bereichen hat sich die Kirche nach dem Konzil immer wieder im Sinne einer konsequenten Verteidigung dieser Erklärung über die Religionsfreiheit geäußert und sie auch in exemplarischen Feldern anzuwenden versucht. Die Äußerungen der Päpste zu den Menschenrechten wurden schon angeführt. Ein wichtiges Beispiel dafür ist auch eine Auswahl von Themen zur Vorbereitung des jeweiligen Weltfriedenstages, der seit 1968 am 1. Januar in der gesamten Weltkirche begangen wird. Ein Blick auf die Themen zeigt dies. So wurde die Religionsfreiheit nach 1965, auch auf höchster Ebene, immer wieder in Botschaften von Papst Johannes Paul II., Benedikt XVI. und Franziskus[111] behandelt, z. B.:

1. Religionsfreiheit, Bedingung für friedliches Zusammenleben (1988)

2. Um Frieden zu schaffen, Minderheiten achten (1989)
3. Wenn du den Frieden willst, achte das Gewissen jedes Menschen (1991)
4. In der Achtung der Menschenrechte liegt das Geheimnis des wahren Friedens (1999)
5. Dialog zwischen den Kulturen für eine Zivilisation der Liebe und des Friedens (2001)
6. »*Pacem in terris*«: Eine bleibende Aufgabe (2009)
7. Religionsfreiheit – der Weg zum Frieden (2011)
8. Selig, die Frieden stiften (2013)
9. Brüderlichkeit. Grundlage und Weg für den Frieden (2014)
10. Nicht länger Sklaven, sondern Bruder und Schwester (2015)

Wir haben immer wieder gesehen, dass die Anerkennung der Religionsfreiheit sowohl in religiöser als auch bürgerlicher Hinsicht neue Probleme bringt. Sie ist nicht gleichzusetzen mit Indifferentismus. Darum ging ja auch im Kern der Kampf der Kirche vor allem im 19. Jahrhundert. Man hat lange Zeit gerungen, um die Verbindung von Wahrheit und Freiheit zu finden. »An die Stelle des Rechts der Wahrheit ist ohne Einschränkung das Recht der Person getreten, womit ein Grundprinzip neuzeitlichen Freiheitsdenkens aufgenommen und anerkannt wurde. Dies wird aber nicht mit einer Relativierung der Wahrheitsfrage verbunden. Wie nicht anders zu erwarten, hält die Erklärung am Wahrheitsanspruch des katholischen Glaubens und der Verpflichtung des Menschen, den wahren Glauben zu suchen und anzunehmen, fest.«[112] Dieser Zusammenhang ist aber leider bei der nachkonziliaren Diskussion innerhalb und außerhalb der Kirche wenig beachtet worden. Man ist auch auf kirchlicher Seite

immer wieder auf einen Gegensatz von Wahrheit und Freiheit zurückgefallen, hat mit Recht die Religionsfreiheit betont, aber oft den bleibenden eigenen Wahrheitsanspruch zu
sehr im Hintergrund belassen. Wir haben selbst zu wenig
herausgearbeitet, dass Freiheit auf Wahrheit gründet und auf
sie bezogen ist, aber auch dass Wahrheit Freiheit voraussetzt,
weil dies nur in Respekt der Person geschehen kann. »Wahrheit und Freiheit sind so (heute in der neuen Theorie der Toleranz und der Religionsfreiheit) in der Weise miteinander
verknüpft, dass äußere, rechtliche Freiheit unabdingbar der
Weg zur Wahrheit ist; nicht gegen die Wahrheit, sondern um
der Wahrheit willen besteht Religionsfreiheit als Recht.«[113]
Dazu gehört die Einsicht: »Wer seine Quellen kennt, wer
seinen Selbstwert nicht relativistisch erschüttern lässt oder
gar nihilistisch verzweifelt, der hat etwas zu sagen, der hat
etwas zu verkünden und lässt sich durch Widerspruch oder
auch Häme nicht aus dem Tritt bringen. Selbstbewusstsein
ist eine Bedingung für Toleranz. Wer an sich selbst zu sehr
zweifelt, wird denjenigen fremden Angeboten nachlaufen,
die Stärke und Konformität versprechen und auf den Achtungsanspruch des Andersdenkenden mit übermäßiger
Furcht reagieren.«[114] Bewusst zitiere ich hier Staatsrechtler,
die auch Bundesverfassungsrichter waren.[115]

Eine solche Konzeption hat Konsequenzen. Sie duldet z. B.
keinen Verzicht auf Wahrheit.[116] Sie gibt den eigenen Wahrheitsanspruch nicht preis.[117] Das wahre Toleranzverständnis
kennt freilich auch seinerseits Grenzen und Schranken.[118]
Die Utopie reiner Toleranz führt nicht zur Freiheit, sondern
am Ende zur Unterwerfung. Es gibt eine Toleranz, die zum
Selbstmord führt, wenn sie nämlich eingehalten wird im
Blick auf Leute, die ihrerseits von Toleranz nichts halten.[119]
Dies ergibt neue Fragen.

Dies ist auch ein Grund, warum Toleranz im Bereich der Religion nicht zur Vorstellung einer Reduktion der Vielfalt der Religionen auf das Einheitsmodell eines gemeinsamen Gottesbildes führen kann, wie z. B. bei Lessing in Nathans Ringparabel. Die Religionen schulden einander und den Menschen gewiss wechselseitiges Verstehen, größtmögliche Verständigung und gemeinsame Verantwortung gegenüber den Bedrohungen unserer Welt, zuerst aber das Zeugnis ihres Glaubens.[120] Dies schließt die Bereitschaft ein, in dem, was mir als das Fremde begegnet, Wahrheit zu suchen, die mich angeht und mich bei allen Differenzierungen weiterführen kann.

Damit ist auch schon das Thema für den letzten Gedankengang gegeben. Wir werden vor dem Hintergrund dieser dramatischen Geschichte im Ringen um die wahre Religionsfreiheit aus mehr systematischer Sicht aufzuzeigen versuchen[121], wie schließlich Wahrheit und Freiheit zusammengehören und wo die Grenzen der Toleranz sind.[122]

III. Versuch einer normativen Synthese

Wir haben bisher die geradezu spannende Geschichte des Bemühens um Toleranz verfolgt. Die Dramatik, die in der geschichtlichen Abfolge der Theorien, aber auch der praktischen Verwirklichung liegt, lässt vielleicht übersehen, dass es schwierig bleibt, am Ende zu einem verbindlichen Begriff von Toleranz zu kommen. Gewiss liegt darin auch ein überraschendes Element, gerade wenn man auf unsere Gegenwart und den Gewinn eines Konsenses über die Unentbehrlichkeit eines Toleranzverständnisses für demokratische Gesellschaften blickt. Denn auf weite Strecken ist man sich einig, dass die Toleranz eine der fundamentalen Kompetenzen und Kriterien für die Gestaltung einer friedlichen Zukunft ist. Die Globalisierung hat auch in dieser Hinsicht trotz aller Verschiedenheit der Religionen, Weltanschauungen und politischen Haltungen die Welt näher zusammengebracht, wobei wir uns nicht täuschen wollen: Ein Forschungsbericht vom Dezember 2009 stellt fest, »dass heute immer noch etwa 70 Prozent der Weltbevölkerung in Staaten leben, in denen die Religionsfreiheit großen Beschränkungen unterworfen ist.«[123]

Man kann der Feststellung von A. Mitscherlich jedoch auch heute nicht ausweichen: »Der Begriff der Toleranz ist schwammig. Das Wort wird mit sehr verschiedenen Bedeutungen befrachtet.«[124] Dieser Herausforderung müssen wir uns am Ende unseres Versuchs eines Überblicks stellen und sie nach Möglichkeit für ein näheres Verständnis von Toleranz fruchtbar machen. Wir greifen dabei manche Anstöße der ersten beiden Gänge durch unser Thema auf, die wir dort gewiss mehr in historischer Perspektive erörtert haben, freilich immer mit Blick auf unsere gegenwärtige Situation.

1. Grundlegende Kritik an Toleranz

Die Unbestimmtheit des Begriffs hängt gewiss auch damit zusammen, dass spätestens zu Beginn der Neuzeit die schon vielfach erörterte Einheit von Gesellschaften, durch die sie auch zusammengehalten worden sind, zerbrochen ist.[125] Die Toleranzidee hat sich in Europa an der Religionsfreiheit entzündet. In unserer säkularisierten Welt ist sie aber längst nicht mehr ein spezielles Problem im Zusammenleben verschiedener Konfessionen und Religionen. Toleranz ist heute auch zuerst gegenüber gesellschaftlich, politisch und kulturell verschiedenen Überzeugungen notwendig. Ohne die Duldung eines Minimums an Verschiedenheiten könnte eine pluralistische Demokratie weder entstehen noch fortbestehen. Es bleibt aber festzuhalten, dass sich in der zweiten Hälfte des 16. Jahrhunderts das Problem von der religiösen auf eine »säkularisierte« Ebene verschiebt. An die Stelle der religiösen Argumente treten politische und naturrechtliche, zum Teil auch ökonomische Überlegungen. Deswegen konnte Toleranz auch nicht mehr nur eine persönliche Haltung sein, sondern musste zum Staats- und Verfassungsprinzip werden.[126]

Vor diesem Hintergrund ist es zur rechten Bestimmung der grundlegenden Elemente des Toleranzbegriffs notwendig, die wichtigsten Einwände gegen die Toleranzidee darzulegen, soweit wir sie nicht schon behandelt haben. Man kann von zwei gewichtigen philosophischen Autoren ausgehen, die vielleicht zur Überraschung angesichts ihrer sonstigen Positionen den Wert der Toleranz nicht verteidigen. »Das Gefühl, dass mit der Toleranz etwas nicht stimmt, dass sie ihr viel gespendetes Lob nicht verdient, begleitet den Diskurs der Toleranz wie ein Schatten, den er nicht abschütteln kann.«[127]

Karl Marx untersucht die Ideale und Orientierungen, so auch die Toleranz, auf ihren realgeschichtlichen Kontext und entlarvt Ideale ideologiekritisch als vorgeschoben. Da er den Klassenkampf als unvermeidlich ansieht, lenkt für ihn »Toleranz« von dieser Realität ab.[128] Darum kritisiert Marx die bürgerlichen Freiheiten ganz grundlegend. Rechte und Ideale verbergen nur die wahren Interessen. Die Rede von Freiheit und Toleranz verstellt nur den Blick auf das Wesentliche, worin Marx eben den Klassenkampf sieht. Toleranz ist letztlich nur sinnvoll, wenn die große Revolution endlich zur Befreiung der Menschheit geführt hat. Diese Grundsicht von Karl Marx bestimmt in sehr verschiedenen Spielarten auch heute noch die Kritik von Toleranz,[129] und dies auch außerhalb marxistischer Ansätze.

Friedrich Nietzsche hat zwar andere Ziele, aber er will nicht weniger als Marx die vermeintlichen Ideale ideologiekritisch demaskieren und entlarven. Dies gilt für die Wahrheit, die Moral und eben auch für die Toleranz. Eine besondere Stoßrichtung zielt dabei auf den Vorwurf, dass die Haltung der Toleranz kein Zeichen der Stärke, sondern der Schwäche des Geistes und des Charakters ist. Vertreter des Toleranzideals gelten deshalb als unredlich, denn in Wirklichkeit folgen sie ihrem Ideal nicht. Die Toleranz erscheint als Ausdruck eines »faulen Friedens«. Ja, es ist eine typische »Herden-Tugend«, Furcht vor dem Ausüben des Rechts und des Richtens. Es ist eine »Unfähigkeit zu Ja und Nein«.[130] Toleranz ist auch ein Beweis dafür, dass man zum eigenen »Ideal« kein Vertrauen hat oder dass man auf ein solches

Ideal einfach verzichtet. Nietzsche polemisiert vor allem im Namen eines starken Lebens gegen Schwäche. Toleranz ist Kraftlosigkeit und Nachgiebigkeit. [131]

Nietzsche sieht in dieser Form von Toleranz eine ausgesprochene Schwäche des modernen Menschen. Die Freiheit, Toleranz zum Ausdruck zu bringen, scheint letztlich nur Feigheit und Selbstverleugnung zu sein. Deshalb ist es nicht zufällig, dass diese Kennzeichnung der Toleranz auch in völlig anderen Kontexten bei sehr verschiedenen Autoren auftritt. Dies muss nicht immer im Gewand der Philosophie sein. Ein Beispiel dafür ist das Buch von H. M. Broder »Kritik der reinen Toleranz«. [132] In zugespitzter und vielfach auch polemisch verzerrter Form wird Toleranz identifiziert mit Nachlässigkeit, Faulheit, Bequemlichkeit, Schlamperei, Trägheit und Gleichgültigkeit. [133] Das Buch richtet sich weitgehend gegen Prinzipienlosigkeit und mangelndes Wertbewusstsein. Auch wenn man die philosophische Schwäche der Ausführungen nicht übersehen kann, so kann man das Grundanliegen des Autors durchaus verstehen, dass man nämlich in offenen Gesellschaften unter dem Siegel der Toleranz nicht das Böse begünstigt oder gar kriminelle Täter schützt.

Es gibt viele Formen dieser Kritik von Toleranz. Eine ähnliche Position gerade des postmodernen Toleranzverständnisses wird hart von D. Sölle kritisiert. [134] Sie identifiziert Toleranz mit grenzenloser Beliebigkeit, die alles duldet. Immer wieder vergleicht sie diese Toleranz mit dem Markt einer Überflussgesellschaft, wo immer alles möglich ist, wenn es denn gekauft wird. Freilich unterscheidet D. Sölle den klassischen aufklärerischen Begriff der Toleranz von dieser postmodernen Füllung.

Man könnte mit solchen Auffassungen weiterfahren. Ich

wollte hier nur »Fernwirkungen« der großen Kritiker andeuten. Nicht selten wird auch eingewendet, die übliche Empfehlung der Toleranz enthalte in sich die Neigung, Konflikte durch Nichtbeachtung lösen zu wollen und eben auch das Böse dadurch zu fördern, dass man in Feigheit von ihm wegschaut.[135]

2. Authentische Toleranz schließt Leidenschaft für die Wahrheit ein

Diese Einwände haben eine begrenzte Berechtigung, wenn sie vor allem soziale Fehlentwicklungen verdecken. Aber im Grunde sind sie doch »Halbheiten«[136] und nicht selten Karikaturen. Dafür lohnt es sich eher, einige andere Einwände zu betrachten, die zur Begriffsschärfe von Toleranz beitragen können. H. Marcuse sieht zwar in der Toleranz eine wichtige Utopie für eine zukünftige Gesellschaft; insofern ist sie auch für eine befreite und zum wahren Glücklichsein befähigte Menschheit eine berechtigte Hoffnung. Unter den gegenwärtigen Verhältnissen aber steht die Toleranz in der Gefahr, die »Tyrannei der Mehrheit« zu begünstigen und sogar das »radikal Böse« zuzulassen.[137] Die Berufung auf Toleranz habe immer wieder bedrängte Menschen unterdrückt. Deshalb bekennt Marcuse sich zur Parteilichkeit. »Die Bedingungen, unter denen Toleranz wieder eine befreiende und humanisierende Kraft werden kann, sind erst herzustellen.«[138] Solange dies nicht der Fall ist, könne das Postulat der Toleranz auf dem Weg zur Realisierung der Utopie »Toleranz« auch unterdrückend, repressiv wirken. Wirkliche Toleranz muss deshalb kämpferisch sein. Deswegen gibt es für Marcuse auch ein Widerstandsrecht, das je nach Situation Gewalt einschließen kann. Diese ist aber für Marcuse dann nur die »notwendige Gegengewalt«.[139]

Auch wenn viele Unterschiede gerade zu dieser Position auf der Hand liegen, gibt es doch eine erstaunliche Verwandtschaft zum Freund-Feind-Denken von C. Schmitt. Für ihn ist der Liberalismus eine Hauptursache, warum »Toleranz« die wirkliche Realisierung des Politischen schwächt. Dies sieht er z. B. auch im vieldeutigen Wort Neutralität im Sinne der »passiven Toleranz« gegeben. »In letzter Konsequenz muss dieses Prinzip zu einer allgemeinen Neutralität gegenüber allen denkbaren Anschauungen und Problemen und zu einer absoluten Gleichbehandlung führen, wobei z. B. der religiös Denkende nicht mehr geschützt werden darf als der Atheist, der national Empfindende nicht mehr als der Feind und Verächter der Nation. Daraus folgt ferner absolute Freiheit jeder Art Propaganda, der religiösen wie der antireligiösen, der nationalen wie der antinationalen; absolute ›Rücksichtnahme‹ auf den ›Andersdenkenden‹ schlechthin, auch wenn er Sitte und Moral verhöhnt, die Staatsform untergräbt und im Dienst eines ausländischen Staates agitiert.«[140] So wird für Schmitt der Staat zu einem Förderer des Relativismus[141], statt kraftvoll für die eigenen Werte einzutreten.

Eine wichtige Stimme des amerikanischen Kommunitarismus sieht in der liberalen Orientierung am Individuum ein Hauptübel unserer gegenwärtigen Welt. Wenn man beim einzelnen Subjekt ansetze, könne man dem Individualismus nicht entkommen. Bindungslosigkeit und Desinteresse an anderen seien dann nicht zu vermeiden. Toleranz basiere damit letztlich auf Indifferenz.[142] Dagegen macht sich z. B. A. MacIntyre ganz für die Rückkehr zur aristotelischen Tugendlehre stark. Gemeinschaftliche Kontrolle und Moralisierung sind entscheidende Kollektive, damit die Individuen

nicht der Bindungslosigkeit verfallen. Bindung und Tugend
sind deshalb höher einzuschätzen als Toleranz.[143]

Der slowenische Philosoph und Psychoanalytiker S. Žižek
hat ein »Plädoyer für die Intoleranz«[144] verfasst. Er kämpft
gegen die nach seiner Meinung heute oft vorherrschende
Form der multikulturellen Toleranz. Diese geht von der
Überzeugung aus, wir würden in einer postideologischen
Welt leben, in der wir die alten Kämpfe zwischen Links und
Rechts hinter uns gelassen hätten. Im Grunde aber führe
diese Form von Multikulturalismus vor allem zur »Entpoliti-
sierung der Ökonomie«. Eine solche Toleranz wolle alles verstehen. Der heutige Mensch sei in seiner Toleranzbegeiste-
rung unfähig geworden, echte Konflikte wahrzunehmen und
auch zu akzeptieren. Divergenzen würden schon im Frühsta-
dium als partikulare Besonderheiten empfohlen. Die Forderung nach Toleranz wird so zu einer Absicherung der bestehenden Verhältnisse. Eine wirkliche Auseinandersetzung
unterbleibt. »Deshalb ist es heute vielleicht notwendig, eine
starke Dosis *Intoleranz* zu verabreichen, nämlich genau zum
Zweck einer politischen, Uneinigkeit schaffenden Leidenschaft; möglicherweise ist die Zeit gekommen, den herrschenden multikulturalistischen Ansatz von *Links her* zu kri-
tisieren und ein Plädoyer für eine erneuerte Politisierung der
Ökonomie zu halten.«[145] Darum sei es auch letztlich unvermeidlich, parteiisch zu sein. Die angebliche Neutralität der
Toleranz begünstige die Herrschenden, die letztlich nur am
eigenen Machterhalt interessiert seien.

Man sieht deutlich, in welcher Weise vor allem K. Marx
weiterwirkt. Es gibt freilich auch kritische Anfragen zum Toleranzverständnis aus ganz anderen Richtungen, so etwa bei
J. Maritain,[146] den die Grundfrage bewegt, wie wir beim Einsatz für die Wahrheit die eigene Überzeugung zu wahren und

gleichzeitig die Überzeugung der anderen zu tolerieren vermögen. Maritain möchte dem Wort Toleranz das Wort »Gefährtenschaft«[147] vorziehen, das er in einem besonderen Bezug zum Zeugnis und vor allem zur Liebe sieht, immer in engster Verbindung mit Wahrheit und Hoffnung. Dies gilt gerade für den Christen.[148] Die genannte Gefährtenschaft geht zwar über uns selbst hinaus, lässt aber unser Ich zum Du und Wir in einer wahren Universalität transzendieren, die das Gegenteil von Indifferenz ist.

Es muss noch ein Problem genannt werden, das vor allem A. Mitscherlich angesprochen hat. Für ihn muss der sozialen, zwischenmenschlichen Form von Toleranz ein Prozess vorausgehen, in dem der einzelne Mensch in einer »inneren Toleranz« lernt, in einer Art Duldung und Auseinandersetzung auf das einzugehen, was im Menschen selbst an Wünschen, Bedürfnissen und Sehnsüchten lebt, aber dem Subjekt selbst oft fremd bleibt. Es geht in dieser inneren Freiheit um die Kommunikation mit den eigenen Antrieben. Es ist gewiss nicht leicht, diese zunächst verborgenen Antriebe zu artikulieren und nach Möglichkeit auch zu verstehen, und zwar im Sinne einer »Anerkennung der angsteinflößenden, ungereimten Wünsche als Teil der eigenen, lebensgeschichtlich gewordenen Personalität.«[149] »Die praktizierte Toleranz ist also gerade nicht unvernünftige Duldung, sondern die Vereinigung von Scharfsinn und Großmut.«[150] Viele Impulse der Aufklärung werden auch deswegen nicht wirksam, weil sie auf kein entsprechendes kritisches Bewusstsein, d. h. auf keine Fähigkeit zur Toleranz treffen.

Diese Einsichten müssen gewiss nach Möglichkeit in das Verständnis von Toleranz integriert werden. Für eine genauere mehr systematisch-normative Bestimmung ergeben sich dadurch einige wichtige Perspektiven:

- Toleranz ist nicht bloßes Dulden, das am Ende sich herablassend und willkürlich zum Anderen verhält.
- Toleranz muss im Spannungsfeld von Freiheit, Achtung, Gerechtigkeit und Wahrheit entfaltet werden.
- Jede »falsche« Toleranz muss ausgeschlossen werden, die moralische Vergehen duldet, die nicht hingenommen werden dürfen.
- Das Verständnis von Toleranz darf die Machtfrage nicht weltfremd ausblenden, sondern muss nüchtern und vorurteilslos die gesellschaftlich-politische Realität kritisch ins Auge fassen und Tabus durchschauen, evtl. auch durchbrechen.
- Toleranz darf nicht durch Standortlosigkeit und Gleichgültigkeit den Relativismus[151] und die Nachgiebigkeit fördern.
- Authentische Toleranz schließt Leidenschaft für die Wahrheit nicht aus.[152]
- Toleranz ist nicht ein schwächliches Alles-gelten-lassen, sondern ist eine »Leistung«, d. h. eine Selbstüberwindung, die erbracht werden muss, verlangt Arbeit an sich selbst im Sinne der »inneren Toleranz« und ist eine Tugend im klassischen ethischen Sinn.
- Toleranz braucht die Kraft zum Widerstand und zur Zivilcourage.[153]
- Toleranz ist über die individuelle Haltung hinaus ein Staatsprinzip, eine Rechtspflicht, ein ungeschriebenes Verfassungsprinzip. Dieses Verhältnis muss geklärt werden.
- Toleranz kommt an eine Grenze, wenn und wo sie von der anderen Seite willentlich und grundsätzlich nicht beachtet wird.

Die Schwächen bestimmter Toleranzkonzepte machen den Begriff nicht grundlegend ungeeignet. Toleranz ist notwendige Voraussetzung für den Umgang mit Konflikten und für ein friedvolles Ringen mit der Wahrheit, aber auch mit Andersdenkenden.

3. Toleranz muss zur Anerkennung führen

Wenn man diese Elemente versammelt und von einer gemeinsamen Basis aus neu entfaltet, kann man dies heute mit dem Begriff der Anerkennung versuchen. In einer noch vielleicht weniger reflektierten, aber durchaus pointierten Sentenz haben wir dafür schon früher einen Einblick bekommen in dem berühmt gewordenen Wort von J. W. Goethe: »Toleranz sollte eigentlich nur eine vorübergehende Gesinnung sein: Sie muss zur Anerkennung führen. Dulden heißt Beleidigen.«

Wir dürfen das Wort »Anerkennung« hier zunächst im alltäglichen Bedeutungssinn verstehen. Es bedeutet die Wertschätzung, die man einem Mitmenschen zukommen lässt oder selbst erhält. Das Minimum besteht in einem guten Ruf. Im höchsten Falle ist es Ehre und Ruhm. Anerkennung in diesem Sinne ist ein grundlegend soziales Phänomen. »Man kann nämlich auf Anerkennung hinarbeiten und sie trotzdem durch Eigenleistung allein nicht erreichen. Denn die Leistung muss von anderen als Leistung wahrgenommen, überdies geschätzt werden, womit man sich ungewollt in fremde Abhängigkeit begibt.«[154] Schon daraus wird erkennbar, dass Anerkennung als ausgeprägtes soziales Phänomen eine Wechselbeziehung voraussetzt. Es geht um einen gegenseitigen Respekt, der sich nicht einfach von selbst einstellt,

z. B. zwischen Individuen, Gruppen oder auch Kulturen, sondern den man erringen muss. Zugleich ist er aber auch eine
Art von Geschenk. Ein solches Verständnis von Anerkennung findet sich in einer gehobenen Alltagssprache sehr oft
und in nicht wenigen Kulturen (*reconnaissance, recognition,
recognizione*).

In der Neuzeit ist der Begriff Anerkennung nun aber
durchaus zu einem philosophischen Grundbegriff geworden.[155] Anerkennung – dies geht schon von den bisherigen
Überlegungen aus – ist nicht einfach ein Naturzustand. Es
kann auch ein Rechtsverhältnis sein, das wechselseitig Freiheit einschließt.[156] In diesem Zusammenhang benutzt zunächst J. G. Fichte in der *Grundlage des Naturrechtes*[157] (1796)
den Begriff der Anerkennung. G. W. F. Hegel stellt im berühmten Kapitel »Herrschaft und Knechtschaft« seiner *Phänomenologie des Geistes*[158] (1807) den dafür notwendigen Prozess dar, der ein »Kampf um Anerkennung«[159] ist. Hegel
nimmt das Thema wieder auf in der »Enzyklopädie der Philosophischen Wissenschaften« (1817). Kurz zusammengefasst:
Am Anfang dieses Prozesses steht nicht die wechselseitige
Achtung, sondern eine gegenseitige Gefährdung, die von
einem Exklusivitätsanspruch getragen wird und in einen
Kampf auf Leben und Tod mündet. Erst nach verschiedenen
Zwischenstufen und schmerzlichen Erfahrungen gelangt
man schließlich zur Anerkennung des Anderen als Person.
Damit wird die Verknüpfung von Personsein, Zugehörigkeit
zur Gesellschaft und Recht reflektiert. Anerkennung hat
Rechtscharakter, aber nicht in jeder Hinsicht. Eine andere
Struktur hat nämlich die konkrete Anerkennung im Sinne
des persönlichen Ansehens eines Individuums.[160]

Man darf wohl sagen, dass diese Vertiefung der »Anerkennung« erst in der zweiten Hälfte des 20. Jahrhunderts wieder

Aktualität gewonnen hat.[161] Im Begriff der Anerkennung
steckt gegenüber möglichen Formen der Diskriminierung
das Bestreben, den Anderen in seiner unaufhebbaren Beson-
derheit zu achten. Die systematische Entfaltung des Aner-
kennungsgedankens setzt also eine wechselseitige, symmetri-
sche Gleichwertigkeit und Freiheit aller Individuen in ihrer je
spezifischen Unterschiedlichkeit und Andersartigkeit voraus.
Aus der Zustimmung zu einer jeweils unaufhebbaren Beson-
derheit folgt auch eine ganz außerordentliche Verpflichtung
dem Einzelnen gegenüber und zugleich eine allseitige Solidarität unter gleichberechtigten Subjekten. Daraus folgen eine
»Politik der allgemeinen Menschenwürde« und die Gleichberechtigung kultureller Lebensformen.[162]

In diesem Horizont ist »Anerkennung« in den letzten Jahrzehnten zu einem grundlegenden Schlüsselwort sozialphilo-
sophischer Überlegungen geworden. Im deutschen Sprachraum hat vor allem A. Honneth nach den ersten Studien in
den 8oer Jahren sowie danach eine Fülle von Entfaltungen[163]
vorgelegt und den gesamten Komplex durch ein zusammen-
fassendes Werk *Das Recht der Freiheit* ausgezeichnet.[164]
Wiederum ist der Grundgedanke entscheidend: Jeder will
sich im sozialen Handeln von den Anderen bejaht, respektiert und in seinen Zielsetzungen gefördert erfahren. Eine
solche Beziehung kann nur symmetrisch sein. Alltäglich er-
fahrbar ist dies vor allem in Freundschaft und Liebe. Markt-
beziehungen und demokratische Politik folgen jedoch analog
demselben Muster. A. Honneth nennt dies »demokratische
Sittlichkeit« (so der Untertitel des genannten Buches). Von
ihr aus müssen Moral und Recht als Voraussetzungen und
Bedingungen sozialer Freiheit verstanden werden. Krisen
werden dabei vor allem immer wieder durch Monopolan-
sprüche verursacht. Deswegen ist auch die Anerkennung

nicht nur als harmonische Kooperation und wechselseitige
Ergänzung zu sehen, sondern muss nüchtern auch von den
Konflikten der Interessen und Weltanschauungen her begrif-
fen werden.

Dabei muss eine Erkenntnis der neueren Diskussion noch
mehr beachtet werden. So darf man nämlich den Begriff der
Anerkennung nicht zu sehr allein von einem intellektuell/ra-
tional ausgelegten Erkennen her verstehen. Anerkennung ist
mehr und trägt auch als fundamentaler Akt jedes soziale Erkennen. In diesem Sinne ist der Rückgriff im Anerkennens-
gedanken auf Hegel zu ergänzen durch Elemente, die sich
vor allem z. B. bei L. Wittgenstein finden. So heißt es in einer
Sentenz der letzten Jahre Wittgensteins: »Das Wissen gründet sich am Schluss auf der Anerkennung.«[165] Gerade A. Honneth hat in dieser Hinsicht seine Gedanken weiter entfaltet.[166] Er hat dies nicht zuletzt durch die Beachtung von
Studien z. B. zur Wahrnehmung des Verhaltens von Klein-
kindern entdeckt und schreibt im Blick auf die Bedeutung
für die Erwachsenen: »Auch wir nehmen im Rahmen sozialer
Interaktionen am Anderen gemeinhin zunächst die werthaf-
ten Eigenschaften der intelligiblen Person wahr, sodass die
bloß kognitive Identifikation eines Menschen den Sonderfall
der Neutralisierung einer ursprünglichen Anerkennung
darstellt. Der Vorrangigkeit der Anerkennung entspricht in
unserer sozialen Lebensform der herausgehobene Stellenwert
jener Gesten und Gebärden, mit denen wir uns untereinander im Allgemeinen die motivationale Bereitschaft be-
kunden, unser Handeln an der moralischen Autorität des
Anderen zu orientieren.«[167]

Es braucht hier nicht mehr gezeigt zu werden, in welchem
Ausmaß das gegenwärtige Denken in vieler Hinsicht vom
sozialphilosophischen Grundbegriff »Anerkennung« geprägt

wird. Dies zeigt sich in vielen Studien bei P. Ricoeur[168] und
E. Lévinas,[169] aber auch bei J. Butler[170] und in vielen grundlegenden Werken einer Ethik im 20. Jahrhundert, besonders
auch bei O. Höffe, R. Spaemann und W. Vossenkuhl.[171]
Der Begriff der Toleranz bekommt durch die Einbezie-
hung in die verstärkte und vertiefte Reflexion der Anerkennung eine Profilierung und zugleich auch eine Ausweitung
der Bedeutung. Es kommt entscheidend darauf an, die »Andersheit im Anderen« wahrzunehmen, anzunehmen und an-
zuerkennen.[172]

An dieser Stelle sei eine Bemerkung erlaubt zum Gebrauch
des Wortes »Toleranz«. Wir haben immer wieder, spätestens
begonnen bei Goethe, eine grundlegende Kritik des Toleranzbegriffes wahrgenommen. Die Kritiker der Toleranzidee
haben immer wieder auf die Schwächen hingewiesen, von
der Attitüde des herablassenden Geltenlassens bis zur Ver-
führung zu Gleichgültigkeit und Feigheit. Tolerantes Nach-
geben auch gegenüber dem Bösen wurde betont, während
eine wirkliche Auseinandersetzung unterbleibe.

Wir haben diese Bedenken zum Begriff von Toleranz und
zu seiner Entfaltung durch die Kategorie »Anerkennung« beachtet. Aber dies hat auch eine Grenze, wenn man z. B. heute
verfolgen kann, dass man oft stillschweigend oder auch direkt, besonders in Diskussionen um Staat – Religion – Gesellschaft, das Begriffsfeld »Toleranz« einfach ersetzt durch
»Religionsfreiheit«, bzw. auch »Neutralität«. Damit kann gewiss vieles abgedeckt werden, was im Begriff »Toleranz« enthalten ist. Aber einmal erstreckt sich die Toleranz nicht nur
auf den religiösen Bereich. Wir unterscheiden heute z. B. eine
persönliche, gesellschaftliche und politische Toleranz. Zum
anderen wird nicht selten der Eindruck erweckt, Toleranz sei
letztendlich nur als passives Gewährenlassen zu verstehen.

Man unterschlägt dabei im Begriff der Toleranz die menschliche und ethische Anstrengung und »Leistung«, was A. Mitscherlich die »innere Toleranz« nannte. Auf diese kommt es aber entscheidend an, wenn es um Toleranz als Tugend geht. Im Übrigen besteht auch die Gefahr, dass man bei der Bestimmung der Religionsfreiheit nur die »negative Religionsfreiheit« in den Blick nimmt, also das Recht in der Ausübung der Religion, nicht durch Zwang oder Benachteiligung behindert zu werden. Gerade der Staat muss, ohne sich mit einer bestimmten Religion zu identifizieren, eine Offenheit pflegen und den Religionsgemeinschaften einen Gestaltungsraum freihalten (sogenannte »positive Religionsfreiheit« oder »fördernde Neutralität«). Der Staat ist ja auch angewiesen auf das konkrete Ethos seiner Bürger, das er nach dem berühmten Wort von Ernst-Wolfgang Böckenförde nicht inhaltlich bestimmen kann, das er jedoch gleichwohl braucht. Insofern ist diese Offenheit auf plurale Wertebildung und Wertentscheidung für den Staat selbst notwendig. Dies erfordert von staatlicher Seite aber auch Toleranz und Selbstbeschränkung, Konzessionsbereitschaft und partnerschaftliche Kooperation.[173] Insgesamt soll dies zeigen, dass der Begriff der Toleranz nicht so leicht durch Ersatzbegriffe abzulösen ist, sondern auch noch in den Bedenken gegen ihn eine wichtige Herausforderung darstellt.

4. Das Ringen von Wahrheit und Freiheit im Toleranzverständnis

Nachdem wir im Schlüsselwort »Anerkennung« ein Basiselement gefunden haben, um den Begriff der Toleranz zu begründen, müssen wir die grundlegenden Dimensionen ent-

falten, die speziell über das allgemeine Verständnis von
Anerkennung hinaus das Wesensgefüge von Toleranz ausma-
chen. Dieses sehe ich vor allem im Verhältnis von Freiheit
und Wahrheit, Identität und Wahrheitsanspruch.

In den bisherigen Überlegungen zeigte es sich, dass die
Kritiker des Toleranzbegriffs vor allem die Sorge haben, der
übliche Gebrauch von Toleranz fördere Gleichgültigkeit und
Nachgiebigkeit, zerstöre die eigene Überzeugung sowie allgemeine Ideale, überdecke oft individuellen und gesellschaftlichen Druck sowie entsprechende Zwänge, führe also statt zur
Freiheit zu neuen Abhängigkeiten. Es ist auch deutlich geworden, dass diese Einwände in sehr breiter Front von verschiedenen Grundpositionen aus vorgetragen werden. Deswegen wurden diese Bedenken auch breiter entfaltet. Wir
haben immer wieder auch deutlich gemacht, dass gelungene
Toleranz keine Standpunktlosigkeit voraussetzt, sondern dass
sie durchaus mit einem leidenschaftlichen Eintreten für die
Wahrheit einhergehen kann. Dies verlangt selbstverständlich
eine Abgrenzung gegenüber allem Fanatismus[174] und besonders allen Formen des Fundamentalismus.[175]

Die damit notwendige Vereinbarkeit von Freiheitsvollzug
und Wahrheitsanspruch muss aber genauer entfaltet werden.
Dies setzt gewiss auch ein Verständnis von Freiheit voraus,
das einen solchen Wahrheitsanspruch zulässt, also selbst Bindung und Verbindlichkeit in sich einbegreift. Sehr oft wird
aber in diesem Zusammenhang ein unverbindlicher Begriff
von Freiheit in Ansatz gebracht. Gewiss ist es auch wichtig,
keinen statischen Bedeutungssinn von Freiheit zu gebrau-
chen, sondern immer im Blick zu behalten, von woher Freiheit kommt und wohin sie führt bzw. führen soll. Freiheit ist
also stets in ihrer Bewegung zu sehen. Diese Beweglichkeit
im Freiheitsverständnis darf keineswegs mit der Form eines

grundsätzlichen Relativismus in Verbindung gebracht werden. Es ist kaum nötig zu sagen, dass bei der Verwendung des Toleranzbegriffs gerade im religiösen Kontext dieses besondere Verhältnis Beachtung verdient.[176] Das Christentum verlangt in eigener Weise uneingeschränkte, unbedingte und universale Geltung; dies ist unter dem Stichwort der Absolutheit oder des Absolutheitsanspruchs des Christentums schon seit langer Zeit und intensiv diskutiert worden.[177]

In dieser Hinsicht ist es besonders wichtig, das notwendige Verständnis von Wahrheit im Gegenüber zur Freiheit zu artikulieren. Ich möchte dies in einigen grundsätzlichen, thesenförmigen Aussagen versuchen, wobei wir auf schon gewonnene Einsichten zurückgreifen können:

• Ausgangspunkt muss bei allem Wahrheitsanspruch die Endlichkeit des Menschen sein, der bei aller Verbindlichkeit der Wahrheitserkenntnis nicht mit einer göttlichen Optik ausgestattet ist. Zu dieser Endlichkeit gehören die Gebundenheit an einen Standort, damit auch immer Geschichtlichkeit, Einheit in Vielfalt und die Begegnung bzw. Auseinandersetzung mit Fremdem. Dabei kann es nicht darum gehen, dieses nur in Eigenes umzuwandeln, sondern Fremdes muss bei allem Mühen um »kommunikative Solidarität« zunächst als Fremdes ausgehalten und verstanden werden.[178] Der frühe Heidegger nennt dies auch die »Befindlichkeit« (Sein und Zeit, §§ 29/30, 27).

• Dies hat als Anerkennung einer anderen Person und von anderem die Konsequenz, dass man die eigene, prinzipiell unbegrenzte Expansionstendenz zurücknehmen muss. Man darf den Anderen und das Andere nicht nur unter dem Aspekt der Bedeutsamkeit sehen, die er bzw. es im eigenen persönlichen Lebenszusammenhang hat. Dies bedeutet immer auch eine Art Dezentrierung des eigenen Ichs, eine Selbstüberwindung (vor allem eigener aggressiv-destruktiver Triebe) und damit auch eine grundlegende Offenheit.[179] Zum Anerkennen anderer Interessen bedarf es jedoch immer einer Ichstärke, die sich mit Selbstbeherrschung, Disziplin, ja mit einer Art Aszese verbinden muss.

- Diese Grundbestimmung erfordert eine Offenheit, die im Verhältnis zum Anderen sich dialogischer Wege und Mittel zur Wahrheitsfindung bedient, auch wenn dies nicht der einzige Erkenntnisweg ist. Die Bereitschaft zu Dialog und Diskurs setzt eine Symmetrie, also eine Gleichberechtigung der Partner, voraus, Fähigkeit zur Kritik und Selbstkritik sowie Bereitschaft zur Korrektur der eigenen Meinung.[180] Toleranz ist immer auch ein Balanceakt zwischen Selbstbehauptung und Offenheit.

- Dieses Verständnis schließt Perspektivität in der Wahrheitserkenntnis ein. Die Geltung von Aussagen oder Theorien ist vom »Standort« des »Betrachters« abhängig. Im Unterschied zum Relativismus schließt Perspektivität jedoch keine Einschränkung der Legitimität z.B. eines Wahrheitsanspruchs ein. Wir haben bereits gesehen, dass diese Sicht z.B. schon bei Nikolaus von Kues, aber auch in der gegenwärtigen Phänomenologie und Hermeneutik begegnet.[181] Entscheidend ist hier die Abgrenzung zum Relativismus.[182]

- Diese Grundhaltung schließt eine gewisse Selbstrelativierung ein. »Die praktizierte Toleranz ist … nicht unvernünftige Duldung, sondern die Vereinigung von Scharfsinn und Großmut. Großmut, weil die Vielgestaltigkeit menschlicher Ordnungen nicht verleugnet, sondern erlebt und anerkannt wird; Scharfsinn, weil erst der Blick über das hinaus, was wir unsere Ideale nennen, uns neue Erkenntnis über uns selbst erlaubt. Von Toleranz kann gar nicht ohne die Einsicht gesprochen werden, dass es zu meiner eigenen Überzeugung auch gültige gleichwertige Alternativen gibt. Je mehr mich meine Überzeugung auf Intoleranz verpflichtet, desto ungleichgewichtiger wird mein Weltbild; je höher ich mich arrangiere, desto tiefer fallen die anderen.«[183] Dies ist für das Verständnis von Idealen sehr wichtig. A. und M. Mitscherlich mahnen vor solchen Überzeugungen: »Mein Ideal lässt die Alternative nicht zu, erlaubt nicht die duldende Hinnahme des Fremdartigen, schon gar nicht des Schwächeren oder Kranken als eines Gleichwertigen, denn alles Fremde bedroht diese Art von Selbstideal.«[184]

- In diesem Zusammenhang wird auch deutlich, dass wahre Toleranz, indem sie ihre Grenze, aber auch ihre eigene Stärke und den Reichtum des Anderen erkennt, Bescheidenheit erkennbar lassen, ja auch Humor aufweisen sollte. Dies zeigt sich übrigens auch im Selbstverständnis wahrer Aufklärung, die um ihre Grenzen und ihre Ohnmacht weiß.[185] Tödlicher Ernst wird leicht zerstörerisch und ist schwer vereinbar mit wahrer Toleranz.[186] Diese kann so auch in einer säkularisierten Welt geradezu eine zurückhaltende Form von Liebe werden.

- Diese Gesamtsicht schließt ein, dass wir selbst unbeschadet einer Treue zur erkannten Wahrheit und ihrer Gewissheit in der Wahrheitserkenntnis wachsen können. Darum ist auch eine kreative Fortentwicklung erkannter Wahrheit möglich. Auch kann die gefundene und festgehaltene Wahrheit weiter ausgestaltet werden, gerade wenn man sie mit der aufgezeigten Perspektivität und der Einsicht in ihre eigene Standortgebundenheit begreift.[187] Schließlich ist es damit auch vereinbar, dass die eigenen Überzeugun-

gen durch die Hilfe der dargestellten einzelnen Erkenntnisschritte mit der Wahrheit des Anderen vermittelt werden können.[188]

Durch diese einzelnen Erkenntnisschritte wird der zuvor
skizzierte Begriff der Anerkennung nochmals vertieft und zugleich konkretisiert.

5. Die Grenze von Toleranz: Wo hört sie auf?

Da die aufgezeigten Dimensionen und Schritte der Erkenntnis in der Freiheit wurzeln und nur in dieser Einstellung
vollzogen werden können, ergibt sich die Frage, bis wohin die
Toleranz reicht, oder: »Wo hört die Toleranz auf?«[189] Dies ist
vor allem eine Frage an die staatliche Toleranz, aber auch an
die Wertorientierung überhaupt. Kaum jemand bestreitet,
dass Toleranz für ein friedliches Zusammenleben in einer
Welt wachsender Pluralität unverzichtbar erscheint. Die Er-
eignisse um die z. B. zuerst in einer dänischen Zeitung er-
schienenen Mohammed-Karikaturen sind dafür ein Beispiel
und zugleich auch ein Hinweis darauf, dass Toleranz Grenzen braucht. »Tolerante Gesellschaften, in denen es zugleich
gelingt, sich über die Grenzen von Toleranz zu verständigen,
brauchen eine Kultur der Anerkennung über Differenzen
hinweg. Aber das bedeutet gerade nicht, dass *beliebige Stand-
punkte* toleriert werden müssen. Toleranz ist nur möglich auf
der Grundlage einer minimalen gemeinsamen Moral, die
Rassismus und andere Formen von Diskriminierungen,
Menschenrechtsverletzungen und Völkermord sowie Terro-
rismus ausschließt.«[190] Dies ist grundsätzlich wichtig für die
Beurteilung von Karikaturen und Satiren, besonders wenn es

um Religion und Person geht. Dies gilt, bei aller Sympathie
im Blick auf die Opfer, auch für die undifferenzierte Solida-
risierung mit *Charlie Hebdo!*

Wir haben schon öfter darauf hingewiesen, dass es Toleranz in der doppelten Ausgabe als Tugend und Staatsprinzip
bzw. Rechtsgebot gibt. Wer tolerant ist, bejaht die Selbstbe-
stimmung der Andersdenkenden. Toleranz meint, um es
nochmals zu wiederholen, nicht das Feigenblatt, hinter dem
sich Gleichgültigkeit und Schwäche verbergen. »Sie ist eine
kritische Selbstständigkeit, die im Zusammenleben, vor allem
in Konkurrenzsituationen, gewisse Konflikte erst gar nicht
aufkommen lässt und die die trotzdem notwendigen Auseinandersetzungen nicht mit der unerbittlichen Schärfe eines
Glaubenskrieges führt. Wer tolerant ist, sucht nicht länger ein
Leben, das auf Selbstbehauptung durch gewaltsame Bekeh-
rung oder aber Überwindung des Gegners angelegt ist; er be-
müht sich um ein Miteinander auf der Grundlage von Eben-
bürtigkeit und Verständigung, wozu das Zuhörenkönnen, die
Fähigkeit auf den anderen einzugehen und ihn ernst zu nehmen, gehören, ferner die Bereitschaft, sich durch neue Situati-
onen und neue Informationen belehren zu lassen. Vollendet
wird die Toleranz in der Bereitschaft und Fähigkeit, sich in
die Anschauungen und Lebensweisen des anderen einzufüh-
len.«[191] Wir haben schon aufgezeigt, dass zur Toleranz auch
die Einsicht in die Grenzen menschlicher Erkenntnis und
auch die eigene Unvollkommenheit gehören.

Die Toleranz endet dort, wo Freiheit und Würde verletzt
werden. In Auseinandersetzung mit den Toleranzkritikern
wurde deutlich gemacht, dass Toleranz nicht in einer Sta-
bilisierung ungerechter Verhältnisse und im Erdulden von
Unrecht bestehen darf. Wer in einer toleranten Haltung un-
gerecht behandelt wird, kann zum Schutz der Freiheit und

der Menschenwürde auch zu Kritik, Anklage und Protest übergehen. »Als Kriterium für die Grenze der Toleranz kann die Forderung gelten, keinem eine Einschränkung seiner Freiheit zuzumuten, die nicht allen anderen ebenso zugemutet wird. In diesem Kriterium gleicher Freiheit, das vor allem in den Menschenrechten ausbuchstabiert wird, besteht das höchste Prinzip der Gerechtigkeit. Das Maß der Toleranz liegt also in der Freiheit und Gerechtigkeit, näherhin in den Menschenrechten.«[192]

Wir haben schon früher herausgestellt, dass Toleranz selbst kein formelles Verfassungsprinzip ist. Sie entfaltet sich besonders in den Grundrechten und Freiheitsgarantien (vgl. z. B. Art. 4 GG). Seit diese Prinzipien gelten, ist es nicht mehr im Belieben des Staates, Toleranz zu gewähren. Es ist Aufgabe des Staates als »Hüter« und »Wächter« der Toleranz, vor allem eine allseitige und befriedigende Verwirklichung der Religionsfreiheit und der übrigen Grundrechte zu ermöglichen. In diesem Sinne kann man gewiss auch die Toleranz als einen ungeschriebenen Grundsatz der Verfassung bezeichnen.[193] Durch die aufgezeigte Entwicklung der Toleranzidee ist übrigens im Verfassungsrecht der Begriff der Toleranz weitgehend durch den Begriff der staatlichen Neutralität abgelöst, weil eben dem freiheitlichen Staat kein Urteil in Fragen von Religion und Weltanschauung zusteht.[194] »Es wird sich aber auch bei Beachtung des Toleranzprinzips nicht immer vermeiden lassen, dass als Ergebnis einer Abwägung der einander entgegenstehenden Rechte ein Rest von Beschränkung der freien Entfaltungsmöglichkeit, in der Regel zu Lasten der negativen Bekenntnisfreiheit, bestehen bleibt.«[195] Hier erhebt sich die Frage, ob und in welchem Maß der Staat vor allem politische Auffassungen der Bürger tolerieren muss, wenn diese sich gegen ihn selbst und die demokratische Grundordnung richten. Im Allgemeinen wird die Meinung vertreten, dass der Staat aufgrund des Toleranzprinzips gehalten ist, auch solche abweichenden Meinungen hinzunehmen. Freilich sind die im Öffentlichen Dienst stehenden Personen aufgrund ihrer Treuepflicht davon ausgenommen. Wer die freiheitlich-demokratische Ordnung jedoch aktiv-kämpferisch angreift, dem droht freilich das Ende der Toleranz, wie Artikel 18 im Grundgesetz mit der Möglichkeit der Grundrechtsverwirkung oder Artikel 21 (Absatz 2) mit dem Parteiverbot zeigen. Für eine politische Partei ist die Toleranzgrenze erst wohl dann erreicht, wenn sie vom Bundesverfassungsgericht in einem eigenen Verfahren für verfassungswidrig erklärt worden ist.

Die Anerkennung der Toleranz in diesem Sinne steht nicht im Belieben des einzelnen Menschen, sondern ist eine Rechtspflicht, für deren Befolgung der Staat zuständig ist. Deshalb ist es eine politische Aufgabe, die Voraussetzungen und Grundelemente der Toleranz sowie der Menschenrechte zu gewährleisten. Darin liegt die erste Aufgabe, wenn man die Toleranz als Rechts- und Staatsprinzip begreift. So sehr der Staat für diese Aufrechterhaltung der Toleranz eintreten muss, so sehr muss der Einzelne die Rechtspflicht der Toleranz auch aus eigenem Antrieb anerkennen. Sie darf nicht nur eine verächtliche Duldung Andersdenkender sein. Die Rechtspflicht der Toleranz muss ein echter Wesensbestandteil einer menschlichen Persönlichkeit werden und sein. Dafür ist auch ein gewisses Maß an Bildung notwendig. In diesem Sinne gilt: »Das Toleranzgebot, das Achtung vor der Würde des Menschen, der Persönlichkeit und der abweichenden Auffassung des Anderen verlangt, ist insbesondere Gegenstand des staatlich-schulischen Erziehungsauftrags und entfaltet von dorther seine Bedeutung für den Umgang der

Staatsbürger untereinander.«[196] Dies gilt auch dann, wenn das Grundgesetz keine ausdrückliche und formelle Forderung nach tolerantem Verhalten in sich enthält. Toleranz kann nicht als Grundhaltung erzwungen werden. In diesem Sinne muss dann auch wohl gesagt werden: »Die Toleranz als Staatsprinzip vollendet sich erst in der freien Übernahme der Rechtspflicht als einer sittlichen Tugend der Bürger.«[197]

An dieser Stelle muss auch noch die Rede sein von der Entwicklung des Toleranzprinzips in der Geschichte und einer Ablösungsmöglichkeit von ihr. Es könnte ja der Eindruck entstehen, nachdem einmal das Toleranzprinzip gefunden und in das Gefüge der Grundrechte einbezogen worden ist, habe es eine in sich und aus sich selbst verbürgte Gültigkeit und könne auch gleichsam von Verfassung zu Verfassung umgesetzt werden. Wie in anderen Fällen, z.B. der Sozialen Marktwirtschaft, lässt sich der Gewinn bestimmter gesellschaftlicher und politischer Grundmodelle jedoch nicht nur abstrakt verstehen, sondern man muss gleichsam durch eine Leidensgeschichte hindurch, in der für die verschiedenen Gegner der Auseinandersetzungen die Extreme abgeschliffen werden müssen, um zu einer »mittleren« Lösung zu kommen, die freilich immer verletzlich bleiben wird. Toleranz fordert gerechten Ausgleich und klugen Kompromiss.[198]

Dies gilt, wie dargestellt worden ist, besonders für das Verhältnis zwischen den christlichen Kirchen und der Auseinandersetzung um das Toleranzprinzip. Ernst-Wolfgang Böckenförde hat die These ausgesprochen: »Dieses Verhältnis ist … für die christlichen Kirchen eine Leidensgeschichte, die sie selbst gestaltet und an der sie selbst gelitten haben.«[199] Es ist in diesem Versuch zur Toleranzidee deutlich geworden, warum es zu einem unheilvollen, oft unversöhnlichen Gegensatz zwischen Wahrheit und Freiheit gekommen ist. Beide

Seiten, verkürzt gesagt: Staat und Kirche, haben darunter gelitten, dass man dieses Verhältnis als feindliche Spannung,
die als prinzipiell unauflösbar galt, gesehen hat. Wir konnten
erkennen, wie auch durch das Zweite Vatikanische Konzil –
in prägnanten Worten die Religionsfreiheit anerkannt worden ist, und zwar aus dem Glaubensakt als einem Vollzug
menschlicher Freiheit heraus (vgl. die Erklärung zur Religionsfreiheit *Dignitatis humanae:* Art. 2, 3 und 10).[200]

Aus diesen Einsichten zur Leidensgeschichte entsteht
auch die Frage, ob die Überzeugung vom Toleranzprinzip
als einem ungeschriebenen Verfassungsgrundsatz in unseren
heutigen Demokratien nicht bis zu einem gewissen Grad an
diese Leidensgeschichte mit ihren schmerzlichen Erfahrungen und Einsichten gebunden ist und nur in diesem Kontext
volle Evidenz und Überzeugungskraft erreichen kann. Ich
bin der Überzeugung, dass diese Bindungen an eine bestimmte Geschichte und eine konkrete Kultur nicht einfach
abgeschüttelt werden können. Man kann dann vielleicht
auch das Toleranzprinzip nicht in ganz verschiedene Kulturen übernehmen, ohne eine ähnliche Leidensgeschichte erfahren zu haben.[201] Dazu gehören vor allem eine Selbstdiszi-
plinierung und Zähmung der Macht.

6. Zur vielfältigen Schutzfunktion von Toleranz

Damit können wir den Kreis der nacheinander abgeschritte-
nen Probleme beenden. Es soll nur noch ein Wort gesagt
werden zur vielfachen Anwendung des Toleranzprinzips in
ganz verschiedenen gesellschaftlichen Bereichen. An erster
Stelle sind gewiss zuerst und zunächst die Menschenrechte zu
nennen, deren Verwirklichung fundamental die Haltung der

Toleranz verlangt.[202] In ihrer Mitte steht die Menschenwürde als Grundbasis. Auch wenn vielleicht in den vergangenen Jahren und Jahrzehnten über Gebühr und geradezu inflationär von ihr vielfältiger Gebrauch gemacht worden ist, so behält sie doch unverzichtbar ihre unverlierbare zentrale und normative Stellung.[203] Die Toleranz ist für ihre Verwirklichung wohl das entscheidende Kriterium. Dies übersteigt jedoch den thematischen Rahmen dieser Überlegungen. [204]

Immer schon wurde auch darauf hingewiesen, dass es auf internationaler Ebene eine vielfache Toleranz gibt, nämlich die gegenseitige Achtung der verschiedenen Kulturen und Traditionen. Im Lauf der Geschichte haben sich viele Kulturformen entwickelt, in denen die Menschen leben und denken. Es ist besonders wichtig, sich dieses Problem im Blick auf das Zusammenleben mit Menschen aus mehreren Kultur- und Sprachräumen zu vergegenwärtigen. Man denke nur an die Rechte von Ureinwohnern in aller Welt. Nicht zufällig hat das Toleranzproblem im Zusammenhang des »Multikulturalismus« eine besondere Bedeutung, vor allem mithilfe der Anerkennungskategorie.[205] Die Integration von Minderheiten ist dabei ein zentraler Test.[206] Hier gilt für alle Fragen grundsätzlich: »Man erleichtert sich die Anerkennung des Eigenwertes anderer Kulturen, wenn man nicht nur auf das Trennende, sondern auch auf Gemeinsamkeiten achtet, also auf allgemein-menschliche Haltungen, wie Hilfsbereitschaft, Zivilcourage und Ehrlichkeit, die nicht nur im christlichen Abendland, sondern in den verschiedensten Gesellschaften und Epochen als sittlich verbindlich anerkannt werden.«[207] Es ist deshalb auch ein Vorzug, wenn man die Unterschiede im Geist der Toleranz und in einer dialogischen Grundhaltung austrägt. Dabei geht es auch um die zentrale Stellung der Gastfreundschaft, die hier verstehend und ver-

mittelnd eine wichtige Rolle spielen kann.[208] In diesem Licht
ergeben sich auch ganz neue Probleme mit den ganz verschiedenen Dimensionen der Globalisierung.[209]

Das Toleranzprinzip hat aber auch eine Schutzfunktion
im Blick auf eine problematische Modernisierung, die viele
Elemente traditioneller Kulturen überfährt. »Denn diese
Entwicklung zerstört die natürliche Umwelt, dann auch persönliche, gesellschaftliche und politische Verhältnisse. Die
Vernichtung überlieferter Strukturen und Lebensformen ist
aber das genaue Gegenteil von dem, was sich unter toleranten
Zivilisationsbedingungen zutragen würde. Die mit der Religionsfreiheit begonnene Toleranz vollendet sich erst dort, wo
die bunte Fülle persönlicher und geschichtlich-gesellschaftli-
cher Selbstverwirklichung als Aufgabe und Chance kreativer
Humanität erkannt und frei anerkannt wird.«[210]

Auch in anderer Hinsicht bedarf es noch einer Anmer-
kung. Wir haben das Problem der Toleranz im christlichen
Glauben – von einigen Bemerkungen abgesehen – nur ge-
meinsam mit dem allgemeinen Toleranzprinzip behandelt.
Dies ist natürlich nicht nur eine Frage sorgfältiger historischer Aufarbeitung,[211] sondern auch der systematischen Reflexion, die hier etwas in den Hintergrund treten musste.[212]
Aber es geht auch um Toleranz für das Christentum selbst.
Dabei dreht es sich nur, wie bisher besprochen, um den äußeren Schutz des christlichen Glaubens. Es geht um unbekannt
gewordene und verborgene spirituelle und religiöse Potenzi-
ale im Bereich des christlichen Glaubens. Hier ist vieles zur
Seite gerückt oder auch unter den Tisch gekehrt worden, was
zur heutigen und künftigen Identität des Menschen substan-
ziell beitragen kann. Kein geringerer als Jürgen Habermas,
Heinrich-Heine-Preisträger des Jahres 2012 der Stadt Düsseldorf, hat seit mehr als einem Jahrzehnt in immer erneutem

Anlauf darauf hingewiesen, dass eine große kulturelle Dimension verloren geht, wenn eine Gesellschaft sich ernsthaft vollständig säkularisieren würde.[213] Es würde eine Sinntiefe verloren gehen, die unser kulturelles Wissen ärmer machte. Habermas nennt gerade auch die neuzeitliche Freiheitsidee und den gegenseitigen Achtungsanspruch, die er mit der Ebenbildlichkeit Gottes und dem Gottesverhältnis überhaupt in Beziehung bringt.[214] »Jürgen Habermas begründete das Recht öffentlicher Einbringung religiöser Überzeugungen in politische Diskurse ... dadurch, dass die säkularen und andersgläubigen Bürger aus diesen Beiträgen durch die Aufdeckung eigener verschütteter Intuitionen im Spiegel der fremden religiösen Überzeugung etwas lernen können. Dem liegt theoretisch der Gedanke der Aufklärung zu Grunde: denn zur Selbstaufklärung setzt die Vernunft Toleranz im Sinne einer kritischen Anerkennung der Wahrheitsansprüche der unterschiedlichen Religionen voraus, um sich über ihre eigenen unreflektierten Voraussetzungen und Grenzziehungen aufzuklären.«[215]

Eine solche Konzeption hat Konsequenzen, die schon zur Darstellung kamen: Sie duldet z.B. keinen grundlegenden Verzicht auf Wahrheit.[216] Sie gibt den eigenen Wahrheitsanspruch nicht preis. Das wahre Toleranzverständnis kennt auch seinerseits Grenzen und Schranken. Die Utopie reiner Toleranz führt nicht zur Freiheit, sondern – ich habe es schon einmal gesagt – am Ende zur Unterwerfung. Es gibt eine Toleranz, die zum Selbstmord führt, wenn sie nämlich eingehalten wird im Blick auf Leute, die ihrerseits von Toleranz nichts halten.[217]

Leider hat sich in der jüngsten Gegenwart eine brutale Gewalt im Verhältnis der Religionen – wir sprachen schon davon – untereinander durchgesetzt. Die Religionsfreiheit ist besonders in Afrika und Asien, vor allem im Nahen Osten, auf der Strecke geblieben. Besonders die Christen werden in vielen Ländern der genannten Kontinente verfolgt wie nie zuvor. Es ist noch nicht abzusehen, wie diese Gewaltausbrüche schlimmster Art (Enthauptungen, Kreuzigungen usw.) eingedämmt werden können.[218]

Dies alles ist auch ein Grund, warum Toleranz im Bereich der Religion nicht zur Vorstellung einer Reduktion der Vielfalt der Religionen auf das Einheitsmodell eines gemeinsamen Gottesbildes führen kann, wenn man z. B. Lessing in Nathans Ringparabel so verstehen will. Die Religionen schulden einander und den Menschen gewiss wechselseitiges Verstehen, größtmögliche Verständigung und gemeinsame Verantwortung gegenüber den Bedrohungen unserer Welt, am meisten aber das Zeugnis ihres Glaubens.[219] Dies schließt die Bereitschaft ein, in dem, was mir als das Fremde begegnet, Wahrheit zu suchen, die mich angeht und mich weiterführen kann. Darin liegt auch der Grund, warum die Probleme der Ökumene nicht mit einem Rückgriff auf das Toleranzprinzip allein gelöst werden können, wenn selbstverständlich auch der ökumenische Dialog vom Geist der Toleranz geprägt sein muss.[220] Dies ist für die Einheit im christlichen Glauben ein elementares Erfordernis.

Wenn dann auch in der gegenseitigen Anerkennung, in der Offenheit und Ehrlichkeit zueinander, im Respekt voreinander Toleranz gefördert wird, bleibt bei allem wechselseitigen Verstehen, das jedoch ein letztes Geheimnis im Anderen nicht ausschließt, ein bleibendes Getrenntsein, auch wenn dieses sich in einem ernsthaften Dialog vermindert. Darum bleibt auch in jedem echten Gespräch und Disput ein Schmerz, mindestens ein Hauch von Melancholie.

Dies alles ist der Weg zwischen der falschen Sicherheit des

Fundamentalismus und dem unaufhörlichen Zweifel des Relativismus. Beide untergraben das Vertrauen untereinander und fördern Verbohrtheit und Beliebigkeit. Wir wollen aber über dem Zweifel nicht die Gewissheit verlieren und im Verlangen nach Orientierung nicht starrsinnig werden.[221] Darum braucht es im Leben des Geistes immer das Ringen zwischen Wahrheit und Freiheit. »Hier wäre idealiter der Ort intensivster Problementfaltung in einem unendlichen Prozess, in dem immer wieder Schmerz der Getrenntheit und Glück des Verstehens dergestalt ineinandergreifen, dass der letzte Horizont der Verstehensproblematik offen bliebe: die Unverfügbarkeit des anderen, in dessen Blick ich mich immer bereits vorfinde. Diesen Zustand zu erreichen, wäre ein gebrechliches Ideal, aber da der Mensch gebrechlich ist, dürfen es auch seine Ideale sein.«[222]

7. Heinrich Heine im Einsatz für Toleranz – einmal anders

Ich komme zum Schluss. Immer wieder habe ich mich seit meiner Einladung hierher gefragt, warum gerade ein Theologe und sogar ein katholischer Kirchenmann die Heinrich-Heine-Gastprofessur übernehmen sollte und konnte. Heinrich Heine ist ja auf seine Weise ein vollendeter Aufklärer im Sinne des frühen 19. Jahrhunderts. Leidenschaftlich kämpfte er unaufhörlich gegen jede Form von Intoleranz, wo immer sich diese festgesetzt hatte. Er nahm dafür die Ironie, die Satire, das Lächerlichmachen und viele andere Stilmittel in Anspruch, um eine befreiende Wirkung zu erzielen. Vorurteile, herkömmliche Zustände und Festlegungen aller Art greift er mit besonderer Lust an. Aber wir wissen heute auch um die

Grenzen dieser Aufklärung. »Die Aufklärung muss erwachsen werden oder sie zerstört ihre eigenen Grundlagen. Sie
wird erwachsen, wenn sie lernt, nicht nur alle Traditions-
bestände kritisch zu durchdringen, sondern auch sich selbstkritisch zu beobachten, also über sich selbst aufgeklärte Aufklärung zu sein.«[223]

Heinrich Heine ist eben doch bei aller Geistesgegenwart
seiner Zeit überlegen. Er versteht sich auch im Sinne einer
Anerkennung, die ganzheitlich, nicht nur intellektuell argumentiert, sondern dem Wissen vorausgeht, wie L. Wittgenstein angedeutet hat. Ich möchte wenigstens ein einziges Beispiel dafür geben. Im Zusammenhang einer Italienreise im
Jahr 1828 kommt Heine über Innsbruck nach Mailand,
Genua und Venedig, aber auch in das weniger bekannte
Lucca, wo er wegen seiner Kopfschmerzen die dortigen Quellen besuchte. In seinen *Reisebildern* gibt er uns ein kleines
Exempel seiner vollmenschlichen Einstellung: »Ich weiß
nicht, ob der Mönch, der mir unfern Lucca begegnete, ein
frommer Mann ist. Aber ich weiß, sein alter Leib steckt arm
und nackt in einer groben Kutte, jahraus jahrein; die zerrisse-
nen Sandalen können seine bloßen Füße nicht genug schützen, wenn er, durch Dorn und Gestrippe, die Felsen hinauf
klimmt, um droben, in den Bergdörfern, Kranke zu trösten
oder Kinder beten zu lehren; – und er ist zufrieden, wenn
man ihm dafür ein Stückchen Brot in den Sack steckt, und
ihm ein bisschen Stroh gibt, um darauf zu schlafen. – ›Gegen
den Mann will ich nicht schreiben‹, sprach ich zu mir selbst.
›Wenn ich wieder zu Hause in Deutschland, auf meinem
Lehnsessel, am knisternden Öfchen, bei einer behaglichen
Tasse Tee, wohl genährt und warm sitze, und gegen die katholischen Pfaffen schreibe – gegen *den* Mann will ich nicht
schreiben.‹«[224]

Diesen Worten ist nichts hinzuzufügen. Die Nachdenk-
lichkeit Heines zeigt uns, dass es viele und manchmal sehr
verborgene Weisen der Toleranz gibt. Sie belegt uns auch,
dass die Kritiker der Toleranzidee – und auf seine Weise gehört auch Heine dazu – letztlich ihre manchmal scharfen
Pfeile um authentischer Toleranz willen in die Öffentlichkeit
unserer Gesellschaft schießen. Wie könnte man sonst ein
auffallendes Wort von einem ihrer größten Kritiker verstehen, nämlich Herbert Marcuse, wenn er in seinem bekannten Beitrag »Repressive Toleranz«, seinen Studenten gewid-
met, schreiben kann: »Das Telos der Toleranz ist Wahrheit.«[225]
Der Einsatz für eine solche Toleranz lohnt – besonders wenn
man miteinander in diesem Geist spricht und dabei vielleicht
auch streitet.

Seminartexte

Thema des Seminars: Zum Wandel der Lehre über die Religionsfreiheit in der katholischen Kirche. Textinterpretationen zu zentralen Aussagen im 19. und besonders im 20. Jahrhundert.

Intention: Die zweite Vorlesung mit dem Thema »Vom Streit um die Toleranz im 19. Jahrhundert und vom Durchbruch zur Religionsfreiheit auf dem Zweiten Vatikanischen Konzil« soll durch fundamentale Texte vorbereitet werden. Die einzelnen Texte wurden mündlich eingeführt. Selbstverständlich sind sie auch für eine eventuelle Nacharbeit gedacht.

I. Das Allgemeine Landrecht für die preußischen Staaten vom 1. Juni 1794

Das Allgemeine Landrecht für die preußischen Staaten vom 1. Juni 1794 definierte die Rechte und Pflichten der Kirchen und geistlichen Gesellschaften wie folgt: »§ 1. Die Begriffe der Einwohner des Staats von Gott und göttlichen Dingen, der Glaube und der innere Gottesdienst können kein Gegenstand von Zwangsgesetzen sein. § 2. Jedem Einwohner im Staat muss eine vollkommene Glaubens- und Gewissensfreiheit gestattet werden. § 3. Niemand ist schuldig, über seine Privatmeinungen in Religionssachen Vorschriften vom Staat anzunehmen. § 4. Niemand soll wegen seiner Religionsmeinungen beunruhigt, zur Rechenschaft gezogen, verspottet oder gar verfolgt werden... § 40. Jedem Bürger des Staats, welchen die Gesetze fähig erkennen, für sich selbst zu urteilen, soll die Wahl der Religionspartei, zu welcher er sich halten will, freistehen.«

II. Liberalismus des frühen 19. Jahrhunderts und katholische Kirche

Zusammenfassend ein Auszug aus Th. Nipperdey, Religion im Umbruch. Deutschland 1870–1918, München 1988:

»Die Kirche war gegenüber den Staats- und Verfassungsformen wie gegenüber den politischen Ideen und Bewegungen der Zeit prinzipiell neutral. Keine der politischen Theologien – der Legitimisten, der Liberalen, der Demokraten – hatte sich durchsetzen können. Freilich, in ihrer Lehre stellte sich die Kirche gegen die Grundsätze der modernen Politik: gegen den säkularen Staat, gegen das Prinzip der Volkssouveränität – denn nicht das autonome Volk konnte Staat und Herrschaft begründen, sondern allein Gott –, gegen die liberale Autonomie des Individuums, den liberalen Individualismus und Rationalismus, ja gegen die liberalen Freiheiten, deren Indifferentismus dem Anspruch auf Wahrheit widersprach. Der Liberalismus, der die Bindungen auflöste und die geistig-moralische wie institutionelle Autorität der Kirche bekämpfte, das war der eigentliche Feind. Und die Katholiken, Ketteler hat das groß ausgeführt, bestritten den Liberalen vehement den Monopolanspruch auf Humanität, Vernunft und Kultur.«

III. Enzyklika *Quanta cura* Papst Pius IX
(1846–1878) vom 8. 12. 1864, in: ASS 3 (1867/68)
163–166

»Indem man von dieser (sc. naturalistischen) ganz falschen
Vorstellung der Regierung der Staatsgesellschaft ausgeht,
hegt man ferner noch die folgende irrtümliche, der katholischen Kirche und dem Seelenheile verderbliche Meinung,
welche schon von unserm Vorgänger Gregor XVI. seligen
Andenkens als ein ›Wahnsinn‹ bezeichnet worden ist, nämlich die Meinung: ›dass die Gewissensfreiheit und Religionsfreiheit ein solches selbsteigenes Recht eines jeden Menschen
sei, das in jeder wohleingerichteten Staatsgesellschaft durch
Gesetze verkündet und aufrecht gehalten werden müsse; und
dass die Bürger das Recht hätten auf eine weder durch die
geistliche noch durch die weltliche Autorität einzuschrän-
kende unbedingte Freiheit, ihre Gedanken, von welcher Art
sie auch sein mögen, durch das gesprochene Wort, durch den
Druck oder auf jede andere Art öffentlich zu äußern und
kundzugeben.‹ Indem man dieses so leichthin behauptet, be-
denkt man nicht, dass man damit die ›Freiheit des Verder-
bens‹ predigt.«

*Vgl. »Syllabus Errorum« (Sammlung von 80 zu verurteilenden
Sätzen) vom 8. 12. 1864, 93, Sätze 15–16, in: ASS 3 (1867/68) 168–
176. Verurteilt wurden die Sätze:*

15. Es steht jedem Menschen frei, diejenige Religion anzunehmen und zu bekennen, die man, vom Lichte der Vernunft
geführt, für wahr erachtet. 16. Die Menschen können im
Kult jedweder Religion den Weg zum ewigen Heil finden
und das ewige Heil erlangen.

IV. Toleranzrede Papst Pius XII vom 6. 12. 1953, in: AAS 45 (1953), 794–802

a) Regel der religiösen und sittlichen Toleranz: »1. Was
    nicht der Wahrheit und dem Sittengesetz entspricht, hat
    objektiv kein Recht auf Dasein, Propaganda und Aktion.
    2. Nicht durch staatliche Gesetze und Zwangsmaßnah-
    men einzugreifen, kann trotzdem im Interesse eines hö-
    heren und umfassenderen Gutes gerechtfertigt sein.«

b) Grundprinzip dafür: »... in den Grenzen des Möglichen
    und Erlaubten alles zu fördern, was die Einheit erleichtert
    und wirksamer macht; einzudämmen, was sie stört;
    manchmal zu ertragen, was sich nicht aus dem Weg räu-
    men lässt und um dessentwillen doch die Gemeinschaft
    der Völker nicht scheitern darf wegen des höheren Gutes,
    das man von ihr erwarten kann. Die Schwierigkeit liegt
    in der Anwendung dieses Prinzips.«

V. Papst Johannes XXIII, Enzyklika *Pacem in terris* vom 11. 4. 1963, in: AAS 55 (1963) 257–301.

Zentraler Satz in Nr. 14:

»Zu den Rechten des Menschen ist auch dies zu zählen,
dass er sowohl Gott nach der rechten Norm seines Gewissens
verehren als auch seine Religion privat und öffentlich bekennen kann.«

VI. Erklärung des Zweiten Vatikanischen Konzils über die Religionsfreiheit *Dignitatis humanae* vom 7.12.1965

(K. Rahner/H. Vorgrimler, Kleines Konzilskompendium, 35. Auflage, Freiburg i. Br. 2008, 661–675 – vgl. die Hinführung/ Einleitung, 655–659)

1. Artikel 1:

»Die Würde der menschlichen Person kommt den Menschen unserer Zeit immer mehr zum Bewusstsein, und es wächst die Zahl derer, die den Anspruch erheben, dass die Menschen bei ihrem Tun ihr eigenes Urteil und eine verantwortliche Freiheit besitzen und davon Gebrauch machen sollen, nicht unter Zwang, sondern vom Bewusstsein der Pflicht geleitet. In gleicher Weise fordern sie eine rechtliche Einschränkung der öffentlichen Gewalt, damit die Grenzen einer ehrenhaften Freiheit der Person und auch der Gesellschaftsformen nicht zu eng umschrieben werden. Diese Forderung nach Freiheit in der menschlichen Gesellschaft bezieht sich besonders auf die geistigen Werte des Menschen und am meisten auf das, was zur freien Übung der Religion in der Gesellschaft gehört. Das Vatikanische Konzil wendet diesen Bestrebungen seine besondere Aufmerksamkeit zu in der Absicht, eine Erklärung darüber abzugeben, wie weit sie der Wahrheit und Gerechtigkeit entsprechen, und deshalb befragt es die heilige Tradition und die Lehre der Kirche, aus denen es immer Neues hervorholt, das mit dem Alten in Einklang steht.

Fürs erste bekennt die Heilige Synode: Gott selbst hat dem Menschengeschlecht Kenntnis gegeben von dem Weg, auf dem die Menschen, ihm dienend, in Christus erlöst und selig werden können. Diese einzige wahre Religion, so glauben wir, ist verwirklicht in der katholischen, apostolischen Kirche, die von Jesus dem Herrn den Auftrag erhalten hat, sie unter allen Menschen zu verbreiten. Er sprach ja zu den Aposteln: ›Gehet hin, und lehret alle Völker, taufet sie im Namen des Vaters und des Sohnes und des Heiligen Geistes, und lehret sie alles halten, was ich euch geboten habe‹ (Mt 28,19–20). Alle Menschen sind ihrerseits verpflichtet, die Wahrheit, besonders in dem, was Gott und seine Kirche angeht, zu suchen und die erkannte Wahrheit aufzunehmen und zu bewahren.

In gleicher Weise bekennt sich das Konzil dazu, dass diese Pflichten die Menschen in ihrem Gewissen berühren und binden, und anders erhebt die Wahrheit nicht Anspruch als kraft der Wahrheit selbst, die sanft und zugleich stark den Geist durchdringt. Da nun die religiöse Freiheit, welche die Menschen zur Erfüllung der pflichtgemäßen Gottesverehrung beanspruchen, sich auf die Freiheit von Zwang in der staatlichen Gesellschaft bezieht, lässt sie die überlieferte katholische Lehre von der moralischen Pflicht der Menschen und der Gesellschaften gegenüber der wahren Religion und der einzigen Kirche Christi unangetastet. Bei der Behandlung dieser Religionsfreiheit beabsichtigt das Heilige Konzil, zugleich die Lehre der neueren Päpste über die unverletzlichen Rechte der menschlichen Person wie auch ihre Lehre von der rechtlichen Ordnung der Gesellschaft weiterzuführen.« [ganzer Artikel]

2. Artikel 2:

»Das Vatikanische Konzil erklärt, dass die menschliche Person das Recht auf religiöse Freiheit hat. Diese Freiheit besteht darin, dass alle Menschen frei sein müssen von jedem Zwang sowohl vonseiten Einzelner wie gesellschaftlicher

Gruppen, wie jeglicher menschlichen Gewalt, so dass in religiösen Dingen niemand gezwungen wird, gegen sein Gewissen zu handeln, noch daran gehindert wird, privat und
öffentlich, als einzelner oder in Verbindung mit anderen – innerhalb der gebührenden Grenzen – nach seinem Gewissen
zu handeln. Ferner erklärt das Konzil, das Recht auf religiöse
Freiheit sei in Wahrheit auf die Würde der menschlichen Person selbst gegründet, so wie sie durch das geoffenbarte Wort
Gottes und durch die Vernunft selbst erkannt wird. Dieses
Recht der menschlichen Person auf religiöse Freiheit muss in
der rechtlichen Ordnung der Gesellschaft so anerkannt werden, dass es zum bürgerlichen Recht wird.

Weil die Menschen Personen sind, d. h. mit Vernunft und
freiem Willen begabt und damit auch zu persönlicher Verantwortung erhoben, werden alle – ihrer Würde gemäß – von
ihrem eigenen Wesen gedrängt und zugleich durch eine moralische Pflicht gehalten, die Wahrheit zu suchen, vor allem
jene Wahrheit, welche die Religion betrifft. Sie sind auch
dazu verpflichtet, an der erkannten Wahrheit festzuhalten
und ihr ganzes Leben nach den Forderungen der Wahrheit
zu ordnen. Der Mensch vermag aber dieser Verpflichtung auf
die seinem eigenen Wesen entsprechende Weise nicht nach-
zukommen, wenn er nicht im Genuss der inneren, psycholo-
gischen Freiheit und zugleich der Freiheit von äußerem
Zwang steht. Demnach ist das Recht auf religiöse Freiheit
nicht in einer subjektiven Verfassung der Person, sondern in
ihrem Wesen selbst begründet. So bleibt das Recht auf religiöse Freiheit auch denjenigen erhalten, die ihrer Pflicht, die
Wahrheit zu suchen und daran festzuhalten, nicht nachkommen, und ihre Ausübung darf nicht gehemmt werden, wenn
nur die gerechte öffentliche Ordnung gewahrt bleibt.« [gan-
zer Artikel]

3. Artikel 3:

»Dies tritt noch klarer zutage, wenn man erwägt, dass die höchste Norm des menschlichen Lebens das göttliche Gesetz selber ist, das ewige, objektive und universale, durch das Gott nach dem Ratschluss seiner Weisheit und Liebe die ganze Welt und die Wege der Menschengemeinschaft ordnet, leitet und regiert. Gott macht den Menschen seines Gesetzes teilhaftig, so dass der Mensch unter der sanften Führung der göttlichen Vorsehung die unveränderliche Wahrheit mehr und mehr zu erkennen vermag. Deshalb hat ein jeder die Pflicht und also auch das Recht, die Wahrheit im Bereich der Religion zu suchen, um sich in Klugheit unter Anwendung geeigneter Mittel und Wege rechte und wahre Gewissensurteile zu bilden.

Die Wahrheit muss aber auf eine Weise gesucht werden, die der Würde der menschlichen Person und ihrer Sozialnatur eigen ist, d. h. auf dem Wege der freien Forschung, mit Hilfe des Lehramtes oder der Unterweisung, des Gedankenaustauschs und des Dialogs, wodurch die Menschen einander die Wahrheit, die sie gefunden haben oder gefunden zu haben glauben, mitteilen, damit sie sich bei der Erforschung der Wahrheit gegenseitig zu Hilfe kommen; an der einmal erkannten Wahrheit jedoch muss man mit personaler Zustimmung festhalten.

Nun aber werden die Gebote des göttlichen Gesetzes vom Menschen durch die Vermittlung seines Gewissens erkannt und anerkannt; ihm muss er in seinem gesamten Tun in Treue folgen, damit er zu Gott, seinem Ziel, gelange. Er darf also nicht gezwungen werden, gegen sein Gewissen zu handeln. Er darf aber auch nicht daran gehindert werden, gemäß seinem Gewissen zu handeln, besonders im Bereiche der Religion. Denn die Verwirklichung und Ausübung der Religion besteht ihrem Wesen nach vor allem in inneren, willentlichen und freien Akten, durch die sich der Mensch unmittelbar auf Gott hinordnet; Akte dieser Art können von einer rein menschlichen Gewalt weder befohlen noch verhindert werden. Die Sozialnatur des Menschen erfordert aber, dass der Mensch innere Akte der Religion nach außen zum Ausdruck bringt, mit anderen in religiösen Dingen in Gemeinschaft steht und seine Religion gemeinschaftlich bekennt.

Es geschieht also ein Unrecht gegen die menschliche Person und gegen die Ordnung selbst, in die die Menschen von Gott hineingestellt sind, wenn jemandem die freie Verwirklichung der Religion in der Gesellschaft verweigert wird, vorausgesetzt, dass die gerechte öffentliche Ordnung gewahrt bleibt.

Hinzu kommt, dass die religiösen Akte, womit sich der Mensch privat und öffentlich aufgrund einer geistigen Entscheidung auf Gott hinordnet, ihrem Wesen nach die irdische und zeitliche Ordnung übersteigen. Demnach muss die staatliche Gewalt, deren Wesenszweck in der Sorge für das zeitliche Gemeinwohl besteht, das religiöse Leben der Bürger nur anerkennen und begünstigen, sie würde aber, wie hier betont werden muss, ihre Grenzen überschreiten, wenn sie so weit ginge, religiöse Akte zu bestimmen oder zu verhindern.« [ganzer Artikel]

4. Artikel 9:

»Was das Vatikanische Konzil über das Recht des Menschen auf religiöse Freiheit erklärt, hat seine Grundlage in der Würde der Person, deren Forderungen die menschliche Vernunft durch die Erfahrung der Jahrhunderte vollständiger erkannt hat. Jedoch hat diese Lehre von der Freiheit ihre Wurzeln in der göttlichen Offenbarung, weshalb sie von

Christen um so gewissenhafter beobachtet werden muss. Denn obgleich die Offenbarung das Recht auf Freiheit von äußerem Zwang in religiösen Dingen nicht ausdrücklich lehrt, lässt sie doch die Würde der menschlichen Person in ihrem ganzen Umfang ans Licht treten; sie zeigt, wie Christus die Freiheit des Menschen in Erfüllung der Pflicht, dem Wort Gottes zu glauben, beachtet hat, und belehrt uns über den Geist, den die Jünger eines solchen Meisters anerkennen und dem sie in allem Folge leisten sollen. All dies verdeutlicht die allgemeinen Prinzipien, auf welche die Lehre dieser Erklärung über die Religionsfreiheit gegründet ist. Besonders ist die religiöse Freiheit in der Gesellschaft völlig im Einklang mit der Freiheit des christlichen Glaubensaktes.« [ganzer Artikel]

5. Artikel 15:

»[...] Denn es ist eine offene Tatsache, dass alle Völker immer mehr eine Einheit werden, dass Menschen verschiedener Kultur und Religion enger miteinander in Beziehung kommen und dass das Bewusstsein der eigenen Verantwortlichkeit im Wachsen begriffen ist. Damit nun friedliche Beziehungen und Eintracht in der Menschheit entstehen und gefestigt werden, ist es erforderlich, dass überall auf Erden die Religionsfreiheit einen wirksamen Rechtsschutz genießt und dass die höchsten Pflichten und Rechte des Menschen, ihr religiöses Leben in der Gesellschaft in Freiheit zu gestalten, wohl beachtet werden.« [gekürzt]

6. Artikel 15:

Abschließendes Gebet der gesamten »Erklärung«:

»Gebe Gott, der Vater aller, dass die Menschheitsfamilie unter sorgsamer Wahrung des Grundsatzes der religiösen

Freiheit in der Gesellschaft durch die Gnade Christi und die
Kraft des Heiligen Geistes zu jener höchsten und ewigen
herrlichen ›Freiheit der Söhne Gottes‹ (Röm 8,21) geleitet
werde.«

VII. Zur Lehre über die Menschenrechte sei
    hingewiesen auf:

G. Filibeck, Human Rights in the Teaching of the Church:
from John XXIII to John Paul II: Collection of Texts of the
Magisterium of the Catholic Church from Mater et Magistra
to Centesimus Annus (1961–1991), Vatican City 1994, 75, 111,
340, 342, 345, 425, vgl. auch 321, 330 sowie die Stichworte
Freedom of religion, religious liberty, Truth im Register.

Dank

Im Blick auf die Düsseldorfer Vorlesungen der Heinrich-Heine-Professur habe ich großen Dank zu sagen. Ich denke zuerst an die vielen hundert Hörerinnen und Hörer, die an den drei Vorlesungen gesammelt und sehr interessiert teilnahmen. Viele kamen aus der Stadt und der Umgebung von Düsseldorf. Alle Altersstufen waren gut gemischt vertreten. Ich danke ganz besonders auch der Presse für ihre Berichterstattung, vor allem der Rheinischen Post und der Presse- und Öffentlichkeitsabteilung der Heinrich-Heine-Universität, Herrn Joachim Tomesch sowie dem Redaktionsleiter des universitären Magazins, hier besonders Herrn Rolf Wilhardt.[226]

Ganz besonders danke ich dem ehemaligen Rektor der Heinrich-Heine-Universität, Herrn Prof. Dr. Dr. Michael Piper, dem Kollegium der Prorektoren und den Gremien zur Auswahl des Gastprofessors. Herr Prof. Dr. Frank Diedrich und seinem Sekretariat am Lehrstuhl für Philosophie danke ich für die freundliche und hilfsbereite Begleitung der Veranstaltungen durch ihn selbst und die Mitarbeiterinnen bzw. Mitarbeiter. Sie alle haben mich nicht nur freundlich aufgenommen, sondern hilfsbereit alle Türen und Tore geöffnet.

Bei der Einladung schrieb Rektor Michael Piper: »In den rund zwei Jahrzehnten, da die Universität diese Professor vergeben hat, ist neben Persönlichkeiten aus Kultur und Politik bislang noch kein hochrangiger Vertreter der großen christlichen Kirchen vor Ort gewesen.« Ich habe mich besonders gefreut, dass die Gremien zum ersten Mal einen Theologen und dazu noch einen Kirchenmann eingeladen und diesem zugetraut haben, die Aufgabe eines Gastprofessors in einer jungen, modernen Universität zufriedenstellend zu erfüllen. Ich weiß, dass dies Rektor Prof. Michael Piper ein besonderes persönliches Anliegen war. In der Wahl des Themas war ich völlig frei. Es wurde aber auch »Toleranz in der Europäischen Gesellschaft« als möglicher wünschenswerter Inhalt angesprochen.

Inzwischen ist das Thema »Toleranz und Religionsfreiheit« sowohl in der öffentlichen Diskussion als auch besonders in den Konstellationen der Weltpolitik noch viel mehr in den Mittelpunkt des Alltags gerückt. Die Intoleranz scheint in manchen Teilen der Welt kaum mehr überboten werden zu können. Die Verfolgung der Christen hat weltweit zugenommen.[227] Umso wichtiger ist eine grundsätzliche Besinnung auf die Geschichte des Ringens um die Toleranz und eine Grundsatzreflexion zur Religionsfreiheit überhaupt.

Im Übrigen war es mir auch ein Anliegen, 50 Jahre nach der Verabschiedung der Erklärung über die Religionsfreiheit *Dignitatis humanae* des Zweiten Vatikanischen Konzils am 7. Dezember 1965 ein wichtiges Stück des Dialogs zwischen Kirche und Welt in einer modernen Universität gegenwärtig zu machen. Die Diskussion um den »Völkermord« in Armenien vor 100 Jahren hat gezeigt, wie das Thema auch in Europa von der geistigen, ethischen und politischen Aufarbeitung noch weit entfernt ist. Die gegenwärtige Flüchtlingsdramatik zeigt uns schon mit Brisanz in juristischer und praktischer Hinsicht die Sprengkraft dieses Themas.

Ich schließe mit einem Wort von Bernd Rüthers in seinem nachdenklich stimmenden Essay »Toleranz in einer Gesellschaft im Umbruch«: »Ist Toleranz eine einseitig an die jeweiligen Mehrheiten gerichtete Frage und Forderung oder gehört Toleranz auch zu den in der Demokratie und Gesellschaft notwendig vorausgesetzten Tugenden und Pflichten der Minderheiten? Ist eine Religion, die Toleranz fordert, verpflichtet, selbst ebenfalls überall dort Toleranz zu üben, wo sie als Staats- oder Mehrheitsreligion Minderheiten zu schützen hat? Diese Fragen gelten selbstverständlich für alle Religionen in aller Welt!«[228]

Anmerkungen

1 A. von Campenhausen, Religionsfreiheit, in: J. Isensee/P. Kirchhof (Hg.), Handbuch des Staatsrechts der Bundesrepublik Deutschland VI, Heidelberg 1989, 369–434. Zur »positiven« und »negativen« Religionsfreiheit vgl. 427–433.

2 Beantwortung der Frage: Was ist Aufklärung?, in: I. Kant, Werke Bd. 6 (Schriften zur Anthropologie. Geschichtsphilosophie. Politik und Pädagogik), hrsg. von W. Weischedel, Frankfurt a. M. 1964, 60 (= A 492).

3 Johann Wolfgang von Goethe, »Werke« (Hamburger Ausgabe in 14 Bänden), textkritisch durchgesehen und kommentiert von E. Trunz, Band 12 (Schriften zur Kunst und Literatur. Maximen und Reflexionen), Deutscher Taschenbuch Verlag, München 1998, 385.

4 Vgl. Z. Bauman, Moderne und Ambivalenz. Das Ende der Eindeutigkeit, Hamburg 1992, 127 ff., 285 ff., 312, 315 ff., 336 f.

5 Vgl. R. P. Wolff, B. Moore, H. Marcuse, Kritik der reinen Toleranz, Frankfurt 1966, 91–128, bes. 108 f.

6 R. P. Wolff, a. a. O., 10.

7 O. Höffe, Demokratie im Zeitalter der Globalisierung, Neuausgabe, München 2002, 205; ders., (Hg.), Lexikon der Ethik, 7. Auflage, München 2008, 314–317, bes. 316.

8 Diese Koexistenz betont besonders M. Walzer, Über Toleranz, Hamburg 1998.

9 Dazu R. Forst, Toleranz im Konflikt, Frankfurt 2003, 510 ff.

10 Dies gilt auch für andere verfassungsmäßige Grundbegriffe, wie z. B. Pluralismus, Grundwerte, Neutralität usw., vgl. dazu K. Lehmann, Glauben bezeugen, Gesellschaft gestalten, Freiburg i. Br. 1993, 101–108, 109–127, 128–136 (Lit.).

11 Zur Begriffs- und Deutungsgeschichte vgl. K. Schreiner, G. Besier, Toleranz, in: Geschichtliche Grundbegriffe, Band VI, Stuttgart 1990, 445–605 (ausführliche Literatur, bes. 446 ff.)

12 Vgl. B. Kötting, Religionsfreiheit und Toleranz im Altertum, Opladen 1977; K. Schreiner, Toleranz, 448 ff.

13 Vgl. dazu R. Forst, Toleranz im Konflikt, 53 f.

14 Vgl. dazu K. Schreiner, G. Besier, Toleranz, 450 f.

15 Vgl. ebd., 452 ff.; R. Forst, a. a. O., 56 f., 69 ff., 87 f., 154 f.

16 Vgl. J. Assmann, Die Mosaische Unterscheidung oder der Preis des Monotheismus, München 2003 u. ö.; A. Angenendt, Toleranz und Gewalt, 5. Auflage, Münster 2009, 92 ff., 229 ff.; P. Walter (Hg.), Das Gewaltpotenzial des Monotheismus und der dreieine Gott, Freiburg i. Br. 2005.

17 Vgl. dazu W. Kasper (Hg.), Absolutheit des Christentums = Quaestiones disputatae 79, Freiburg i. Br. 1977 u. ö., vgl. ebd. meinen Beitrag: 13–38.

18 Vgl. dazu H. Schmidinger (Hg.), Identität und Toleranz. Christliche Spiritualität im interreligiösen Spiegel, Innsbruck 2003.

19 Vgl. die Abhandlungen in: I. Broer/R. Schlüter (Hg.), Christentum und Toleranz, Darmstadt 1996; R. Forst, Toleranz im Konflikt, 58 ff. u. ö.

20 Vgl. dazu H. Grundmann, Ketzergeschichte des Mittelalters, in: Die Kirche in ihrer Geschichte, hrsg. von K. D. Schmidt und E. Wolf, Bd. 2, Lieferung G, Teil 1, 2. Aufl., Göttingen 1967; dazu auch R. Herzog/R. Koselleck (Hg.), Epochenschwelle und Epochenbewusstsein, München 1987, 415 f. (K. Schreiner zum späten Mittelalter); K. Schreiner, G. Besier, Toleranz, 454 f.

21 Zum heutigen Verständnis vgl. vor allem Th. Kobusch, Die Philosophie des Hoch- und Spätmittelalters = Geschichte der Philosophie V, München 2011, 24–207 (Lit.).

22 Vgl. außer K. Schreiner vor allem W. Eberhard, Ansätze zur Bewältigung ideologischer Pluralität im 12. Jahrhundert: Pierre Abélard und Anselm von Havelberg, in: Historisches Jahrbuch 105 (1985) 353–387, bes. 374 f., 377 f.; H.-J. Sieben, Die eine Kirche, der Papst und die Konzilien in den Dialogen des Anselm von Havelberg, in: Theologie und Philosophie 54 (1979) 219–251; vgl. auch die ekklesiologischen Studien Y. Congars zum Mittelalter.

23 K. Schreiner, Toleranz, 457.

24 Vgl. zu Thomas von Aquin: Summa theologica II-II, qu. 10. Zur Interpretation vgl. K. Schreiner, Toleranz, 457 ff.; R. Forst, Toleranz im Konflikt, 91–96; zum Thema vgl. auch M. Rhonheimer,

Christentum und säkularer Staat, Freiburg i. Br. 2012, zu Augustinus: 49 ff., zum Mittelalter 62 ff., 74 ff.

25 Vgl. dazu K. Schreiner, Toleranz, 458 mit Anm. 74.

26 Ebd., 458 mit Anm. 76. Vgl. Thomas, S.th. II-II, qu. 10, art. 11.

27 Ebd., 459, vgl. S.th. II-II, qu. 10, art. 12.

28 Ebd.

29 Vgl. S.th. II-II, qu. 11, art. 4.

30 Vgl. dazu J. Fuchs, Das Gewissen, Düsseldorf 1979; W. Ernst, Gewissen in katholischer Sicht, in: Internationale Katholische Zeitschrift 11 (1982), 153–171; J. Gründel (Hg.), Das Gewissen, Düsseldorf 1990; E. Schockenhoff, Das umstrittene Gewissen, Mainz 1990; G. Höver/L. Honnefelder (Hg.), Der Streit um das Gewissen, Paderborn 1993; R. Schlund, Schöpferisches Gewissen, Freiburg i. Br. 1990, Zum schwierigen Begriff »irrendes Gewissen« vgl. E. Schockenhoff, Das umstrittene Gewissen, 134–139; ders. Gewiss ist das Gewissen, Freiburg 2003, 17 ff.; 69 ff.; 108 ff.; 111 ff.; 203 ff.; B. Lill (Hg.), Gewissen, Paderborn 2006, 386 ff., 435 ff.

31 Vgl. zu diesen Problemen insgesamt die ausführlichen Darlegungen von J. Lecler, Geschichte der Religionsfreiheit im Zeitalter der Reformation, Bd. I und Bd. II, Stuttgart 1965, hier bes. 161 ff., zum irrenden Gewissen im Mittelalter 165 ff., zu Thomas 169 ff.; F. Ricken, Allgemeine Ethik, 3. Aufl., Stuttgart 1998, 204–214.

32 Dazu Th. Kobusch, Die Philosophie des Hoch- und Spätmittelalters, 32 ff., bes. 46 f.

33 Ebd., 50; vgl. auch S. Ernst, Petrus Abaelardus, Münster 2003.

34 E. Schockenhoff, a. a. O., 83 ff., Vgl. auch M.-D. Chenu, L'éveil de la conscience dans la civilisation médiévale, Montréal 1969.

35 Ich zitiere nach der Ausgabe Nikolaus von Kues, Vom Frieden zwischen den Religionen. Lateinisch-deutsch, hrsg. von K. Berger/Ch. Nord, Frankfurt 2002. Der lateinische Text folgt der Ausgabe der Heidelberger Akademie der Wissenschaften, Bd. VII, Hamburg 1959, 1–65. Zur Interpretation vgl. vor allem K. Flasch, Nikolaus von Kues. Geschichte einer Entwicklung, Frankfurt 1998, verbesserte Sonderauflage, Frankfurt 2001; ders., Nicolaus Cusanus, München 2001; ders., Nikolaus von Kues in seiner Zeit, Stuttgart 2004; R. Haubst, Der Friede

unter den Religionen nach Nikolaus von Kues = Mitteilungen und Forschungsbeiträge der Cusanus-Gesellschaft 16, Mainz 1984; K. Krämer, Praegustatio naturalis sapientiae. Gottsuche mit Nikolaus von Kues, Münster 2004, bes. 227 ff., 377 ff., 489 ff.; G. Krieger, Cusanus und die Idee der Toleranz, in: »Nikolaus Cusanus: Ein bewundernswerter historischer Brennpunkt«. Philosophische Tradition und wissenschaftliche Rezeption. Akten des Cusanus-Kongresses vom 20.–22.9.2006 in St. Petersburg, hrsg. von K. Reinhardt/H. Schwaetzer in Verbindung mit O. Dushin, Regensburg 2008, 97–119 (hier auch umfassende Literatur); A. Patschovsky/H. Zimmermann (Hg.), Toleranz im Mittelalter = Vorträge und Forschungen 45, Sigmaringen 1998, darin besonders die Beiträge von K. Schreiner, G. Wieland u. a.; Nikolaus von Kues 1401/2001. Akten des Symposions in Bernkastel-Kues vom 23.–26.5.2001 = Mitteilungen und Forschungsbeiträge der Cusanus-Gesellschaft, 28 (2003); M. Lutz-Bachmann/A. Fidora (Hg.), Juden, Christen und Muslime. Religionsdialoge im Mittelalter, Darmstadt 2004; M. Riedenauer, Pluralität und Rationalität. Die Herausforderung der Vernunft durch religiöse und kulturelle Vielfalt nach Nikolaus Cusanus, Stuttgart 2007; N. Brieskorn/M. Riedenauer (Hg.), Politische Ethik in der Frühen Neuzeit I, Stuttgart 2000.

36 De pace fidei, 60, vgl. auch 16.

37 K. Schreiner, Toleranz, 461.

38 Vgl. dazu bes. St. Meier-Oeser, Die Präsenz des Vergessenen. Zur Rezeption der Philosophie des Nicolaus Cusanus vom 15. bis zum 18. Jahrhundert = Buchreihe der Cusanus-Gesellschaft X, Münster 1989.

39 Vgl. außer der schon genannten Literatur K. Flasch, Nikolaus von Kues, 330–382.

40 Nikolaus von Kues in seiner Zeit, 64.

41 K. Schreiner, Toleranz, 461.

42 Cusanus und die Idee der Toleranz, 117. Dazu auch R. Forst, Toleranz im Konflikt, 107–110.

43 Vgl. K. Schreiner, Toleranz, 462 ff. (Zusammenfassung zur Position gegenüber den Juden, Heiden, Häretikern, Übergang vom Mittelalter zur Neuzeit, Humanismus, Gegenreformation); vgl. das schon genannte Werk von R. Forst, Toleranz im Konflikt,

128 ff., 153 ff., 172 ff.; außerdem die beiden Bände von J. Leclerc, Geschichte der Religionsfreiheit usw. Hier ist z. B. an den Pforzheimer Humanisten Johannes Reuchlin zu erinnern, vgl. als erste Hinführung die Reden beim »Reuchlinpreis der Stadt Pforzheim 2013«, Pforzheim o. J. (2014). Dazu auch H. R. Guggisberg (Hg.), Religiöse Toleranz, Stuttgart 1984, 45–57.

44 Das Magazin zum Themenjahr 2013: Reformation und Toleranz, Kirchenamt der Evangelischen Kirche in Deutschland, Hannover 2012.

45 Modernisierte Form bei F. Dieckmann, Geschichte in Quellen: Renaissance, Glaubenskämpfe, Absolutismus, Bd. 3, München 1966, Nr. 50, 119 ff.

46 Martin Luther. Rebell in einer Zeit des Umbruchs, München 2012, 627; Th. Kaufmann, Geschichte der Reformation, Frankfurt 2009, 156, 419, 436, 559, 601, 653, 701; H. Bornkamm, Das Problem der Toleranz im 16. Jahrhundert, in: Das Jahrhundert der Reformation, Frankfurt 1983, 342–379; M. Brecht, Martin Luther III, Stuttgart 1987, 328–361; A. Beutel (Hg.), Luther Handbuch, Tübingen 2005, 220, vgl. auch 217 ff., 224 ff.; V. Leppin, Martin Luther, Darmstadt 2006, 331 ff.; Th. Kaufmann, Luthers »Judenschriften«, Tübingen 2011; ders., Luthers Juden, Stuttgart 2014 (Lit.); H. Lutz (Hg.), Zur Geschichte der Toleranz und Religionsfreiheit, Darmstadt 1977; H. Schilling, Konfessionalisierung und Staatsinteressen, Paderborn 2007; ders., Ausgewählte Abhandlungen zur europäischen Reformations- und Konfessionsgeschichte = Historische Forschungen 75, Berlin 2002, vor allem Teil IV: 433 ff.; R. H. Bainton: The Travail of Religious Liberty, Phildadelphia, 1951 (italienische Übersetzung: La lotta per la libertà religiosa, Bologna 1963); A. Kohnle, Religionsfrieden und Toleranz, in: Luther 85 (2014), 78–93; M. Heckel, Die Menschenrechte im Spiegel der reformatorischen Theologie, Heidelberg 1987 (Lit.). M. Wriedt, Luthers Verhältnis zu Demokratie und individueller Freiheit, in: Luther 85 (2014) 149–163 (Lit.).

47 H. Schilling, ebd., 629.

48 Ebd., 630.

49 K. Schreiner, Toleranz, 476 f.

50 Vgl. ebd., 477. – Man darf gespannt sein, ob das Reformations-

jubiläum 2017, das sich zentral auf »Rechtfertigung und Freiheit« (Grundlagentext der EKD) aufbaut, auch diese Grenzen
gebührend beachtet. Dazu H. Lehmann, Luthergedächtnis 1817
bis 2017, Göttingen 2012, 9–16, 17 ff., 297 ff., 305 ff. In den Jahren der Vorbereitung ist das Verhältnis Reformation – Toleranz
differenzierter gesehen und behandelt worden, allerdings nicht
so deutlich im »vulgären« Kontext und bei großen Veranstaltungen.
51 Beispiele finden sich bei K. Schreiner, ebd., 483 f.
52 Vgl. die kommentierte Quellensammlung von H. R. Guggisberg, Religiöse Toleranz, Stuttgart 1984.
53 Vgl. in aller Kürze den Artikel »Toleranz« von G. Gawlick,
in: W. Schneiders (Hg.), Lexikon der Aufklärung, München
1995, 412–413; N. Hinske (Hg.), Was ist Aufklärung? Beiträge
aus der Berlinischen Monatsschrift, 2. Aufl., Darmstadt 1977;
W. Schneiders, Die wahre Aufklärung, Freiburg i. Br. 1974;
N. Merker, Die Aufklärung in Deutschland, München 1982;
P. Pütz (Hg.), Erforschung der deutschen Aufklärung, Meisen-
heim 1980; R. Koselleck, Aufklärung und die Grenzen ihrer
Toleranz, in: Begriffsgeschichten, Frankfurt 2010, 340–362;
K. Schneider/G. Besier, Toleranz, 495 ff; B. Heidenreich/G. Göhler
(Hg.), 2011; H. Meier, Politische Philosophie und die Herausforderung der Offenbarungsreligion, München 2013.
54 Begriffsgeschichten, 359.
55 Ebd.
56 G. W. F. Hegel, Phänomenologie des Geistes, 6. Auflage, Hamburg 1952, 407; vgl. auch R. Forst, Toleranz im Konflikt, 223 ff.,
352 ff.; W. Oelmüller, Die unbefriedigte Aufklärung. Beiträge
zu einer Theorie der Moderne von Lessing, Kant und Hegel,
Frankfurt 1969; ders., Was ist heute Aufklärung?, Düsseldorf
1972.
57 Der philosophische Diskurs der Moderne, Frankfurt 1985, 9 ff.,
34 ff.; ders., Nachmetaphysisches Denken, Frankfurt 1988, 11 ff.;
ders., Nachmetaphysisches Denken II, Frankfurt 2012.
58 Vgl. dazu A. Beutel/V. Leppin (Hg.), Religion und Aufklärung.
Studien zur neuzeitlichen »Umformung des Christlichen =
Arbeiten zur Kirchen- und Theologiegeschichte 14, Leipzig
2004; A. Beutel, Aufklärung in Deutschland, Göttingen 2006;

H. Lehmann, Transformationen in der Neuzeit. Beispiele aus der Geschichte des Protestantismus = Veröffentlichungen des Max-Planck-Instituts für Geschichte 230, Göttingen 2007, bes. 7 f.; Chr. Spehr, Religiöse Toleranz in der Zeit der Aufklärung, in: Luther 85 (2041), 94–110.

59 Vgl. außer den Studien (s. u.) von H. Schilling besonders H. Klueting, Das Konfessionelle Zeitalter, Band 1, Darmstadt 2007, und Band 2, Berlin 2009.

60 Aus der unübersehbaren Literatur vgl. außer den noch zu nennenden Gesamtwerken vor allem R. Forst, Toleranz im Konflikt, Frankfurt 2003, 312 ff., 352 ff., 503 ff.; H. Maier, Revolution und Kirche. Zur Frühgeschichte der Christlichen Demokratie = Gesammelte Schriften I, München 2006; G. May, Das Versöhnungswerk des päpstlichen Legaten Giovanni B. Caprara. Die Rekonziliation der Geistlichen und Ordensangehörigen 1801–1808 = Kanonistische Studien und Texte 59, Berlin 2012; E.-W. Böckenförde, Die sozialen und politischen Ordnungsideen der Französischen Revolution, in: ders., Staat, Nation, Europa. Studien zur Staatslehre, Verfassungstheorie und Rechtsphilosophie, Frankfurt 1999, 11–24; A. Soboul, Die Große Französische Revolution, 5. Aufl., Frankfurt 1988, 544 ff.; E. Schulin, Die Französische Revolution, München 1988, 73 ff., 97 ff., 152 ff., 188 ff.; H. Gebhard, Liberté, Brutalité, Augsburg 2011, 169 ff., 205 ff.

61 Lessings Werk I, Frankfurt 1967, 467–594; G. Kaiser, Spätlese, Tübingen 2008, 123–145; K.-J. Kuschel, Vom Streit zum Wettstreit. Lessing und die Herausforderung des Islam, Düsseldorf 1998; ders., Leben ist Brückenschlagen. Vordenker des interreligiösen Dialogs, Stuttgart-Ostfildern 2011.

62 Vgl. die Hinweise bei G. Kaiser, Toleranz. Der historische und aktuelle Spielraum einer Idee, in: Stimmen der Zeit, 135 (2010), 541–555, bes. 543.

63 Vgl. den Text, in: Deutsche Geschichte in Quellen und Darstellung, Bd. 6, hrsg. von W. Demel/U. Puschner, Stuttgart 1995, 188–194.

64 E. R. Huber/W. Huber (Hg.), Staat und Kirche im 19. Jahrhundert, Band I, Berlin 1973, 1 ff.

65 Zu den preußischen Reformen dieser Zeit vgl. Th. Nipperdey,

Deutsche Geschichte 1800–1866, München 1994, 33–69 u.ö.;
R. Kosseleck, Preußen zwischen Reform und Revolution. Allge-
meines Landrecht, Verwaltung und soziale Bewegung von
1791–1848, Stuttgart 1967 (Sonderausgabe 1987), 372 f., 400 f.

66 Vgl. Näheres dazu auch bei E.-W. Böckenförde, Religionsfreiheit
= Schriften zu Staat-Gesellschaft-Kirche, Freiburg i. Br. 1990, 39.

67 Ders., Kirche und christlicher Glaube in den Herausforderungen der Zeit, 2. Aufl., Berlin 2007, 211.

68 Religion im Umbruch. Deutschland 1870–1918, München 1988,
43 f.; zum Verhältnis Bischof W. E. von Kettelers zum Liberalis-
mus vgl. K. Petersen, »Ich höre den Ruf nach Freiheit«. Wilhelm
Emmanuel von Ketteler und die Freiheitsforderungen seiner
Zeit = Veröffentlichungen der Kommission für Zeitgeschichte,
Reihe B: Forschungen, Band 105, Paderborn 2005.

69 Vgl. Petersen, 112 ff.

70 Vgl. dazu auch R. Sebott, Religionsfreiheit und Verhältnis von
Kirche und Staat = Analecta Gregoriana, Band 206, Rom 1977,
26 ff., 72 ff.; dazu ausführlich R. Vierhaus, Liberalismus, in:
Geschichtliche Grundbegriffe, Bd. 3, Stuttgart 1982, 741–785;
J. Gadille u. a. (Hg.), Liberalismus, Industrialisierung, Expan-
sion Europas (1830–1914) = Die Geschichte des Christentums,
Bd. 11, Freiburg i. Br. 1997 (wichtig wegen ausführlicher Länder-
übersichten), bes. zum Antiklerikalismus 444 ff., 459 ff.; Zur
Vorgeschichte und zur Französischen Revolution vgl. B. Plon-
geron (Hg.), Aufklärung, Revolution, Restauration = Die Geschichte des Christentums, Bd. 10, Freiburg i. Br. 2000, 178 ff.,
236 ff., 311 ff., 369 ff., 431 ff., 797 ff.; zum Begriff vgl. D. Freist,
Absolutismus = Kontroversen um die Geschichte, Darmstadt
2008, 11 ff., 69 ff., 95–109.

71 Vgl. R. Sebott, a. a. O., 74.

72 L. Gall, Liberalismus, in: Staatslexikon, 7. Aufl., Band III, Freiburg 1987, 916–921, Zitat: 920 (Lit.). Vgl. auch K. Fischer, Die
Zukunft einer Provokation. Religion im liberalen Staat, Berlin
2009.

73 Th. Nipperdey, Deutsche Geschichte 1800–1866. Bürgerwelt
und starker Staat, München 1994 (zuerst 1983), 415.

74 Vgl. den Text in: ASS 3, 1867 (1868), 163–166; jetzt gekürzt in:
H. Denzinger/P. Hünermann, Enchiridion symbolorum, 40.

Aufl., Freiburg i. Br. 2005, 2890–2896 (künftig: DH unter An-
gabe der Nummer); dazu der oben schon genannte Syllabus,
DH, 2901–2980; dazu K. Schatz, Syllabus, in: Lexikon für
Theologie und Kirche, 3. Aufl., Band IX, Freiburg i. Br. 2000,
1153–1154 (Lit.).

75 Vgl. DH, 2915 und 2916.

76 Art. Syllabus, 1153.

77 Vgl. dazu R. Sebott, »Dignitatis humanae« und »Quanta cura«.
Die Verurteilung der Religionsfreiheit vor dem Zweiten Vatikanischen Konzil, in: P. Boekholt/I. Riedel-Spangenberger (Hg.),
Iustitia et Modestia, Festschrift für Hubert Socha, München
1998, 183–192; R. Aubert, Der Syllabus von 1864, in: Stimmen
der Zeit 175 (1965), 1–24; ders., Das Problem der Religionsfreiheit in der Geschichte des Christentums, in: H. Lutz (Hg.), Zur
Geschichte der Toleranz und Religionsfreiheit = Wege der Forschung, Bd. CCXIVI, 422–454 (zu Gregor XVI.: 436 ff., zum
Syllabus: 440 ff.); K. Schatz, Vaticanum I., Bd. 3, Paderborn
1994, 331–339.

78 Ich habe diesen Wandel am Beispiel der Interpretation der Freiheit aufgezeigt in: 6. Berliner Rede zur Freiheit am Brandenbur-
ger Tor »Freiheit braucht Ethik« (25. April 2012), hrsg. v. d. Fried-
rich-Naumann-Stiftung für die Freiheit, Berlin 2012, 12–34.

79 Vgl. den Text in AAS 45 (1953), 794–802, auch in H. Schnatz,
Päpstliche Verlautbarungen zu Staat und Gesellschaft, Darmstadt 1973, 369–387, Zitate: 377 f.

80 Vgl. den Text in AAS 55 (1963), 257–301, Enchiridion delle En-
cicliche, Band 7, Bologna 1994, 380–469, 386.

81 Vgl. dazu auch G. Filibeck (Hg.), Human Rights in the
Teaching of the Church: from John XXIII. to John Paul II.,
Vatican 1994, 315–346 (Texte zur Religionsfreiheit).

82 Vgl. dazu in aller Kürze K. Lehmann, Gegenwart des Glaubens,
Mainz 1974, 94–108; ders., Zuversicht aus dem Glauben, Freiburg i. Br. 2006, 226 ff., bes. R. Schnur, Die französischen Juristen im konfessionellen Bürgerkrieg, Berlin 1962; dazu auch
M. Rhonheimer, Christentum und säkularer Staat, Freiburg
i. Br. 2012, 116 ff.; R. Forst, Toleranz im Konflikt, Frankfurt
2003, 312 ff., 352 ff., 494 ff.

83 L. Ranke, Französische Geschichte, Drittes Buch, Wiesbaden

1957, 115. Näheres vgl. bei J. Leclerc, Geschichte der Religionsfreiheit im Zeitalter der Reformation II, 90 ff.; dazu auch E.-W. Böckenförde, Kirche und christlicher Glaube in den Herausforderungen der Zeit, 2. Aufl., Berlin 2007, 200, 214 f., 222; R. Forst, a. a. O., 184 ff.

84 Vgl. außer der schon genannten Literatur zusammenfassend R. Forst, Toleranz, 7–25; K. Schreiner, G. Besier, Toleranz, 445–605 (Lit.); K. Gabriel u. a. (Hg.), Umstrittene Säklularisierung, 2. Auflage, Berlin 2014, bes. M. Koenig, Recht auf Religionsfreiheit – ein neuzeitliches Differenzierungsmuster und seine Entstehung: 293–312.

85 Vgl. dazu R. Forst, Toleranz im Konflikt, 222 ff., 275 ff., 556 ff.

86 Vgl. dazu R. A. Siebenrock, Theologischer Kommentar zur Erklärung über die religiöse Freiheit, in: Herders Theologischer Kommentar zum Zweiten Vatikanischen Konzil, hrsg. von P. Hünermann/B. J. Hilberath, Bd. 4, Freiburg i. Br. 2005, 125–218, bes. 141 ff.

87 Vgl. D. Gonnet, La Liberté religieuse à Vatican II. La contribution de John Courtney Murray (= Cogitatio fidei 183), Paris 1994; K. Gabriel u. a. (Hg.), Religionsfreiheit und Pluralismus, Paderborn 2010, 19 ff., 41 ff., 155 ff., 177 ff.; vgl. auch R. Sebott, Religionsfreiheit und Verhältnis von Kirche und Staat. Der Beitrag John Courtney Murrays zu einer modernen Frage, Rom 1977. Zur Genese vgl. außer der schon zitierten Literatur R. A. Siebenrock, Theologischer Kommentar zur Erklärung über die religiöse Freiheit, 125–218, bes. 145 ff., 152 ff., Literatur: 208–218.

88 Vgl. von J. C. Murray, Zum Verständnis der Entwicklung der Lehre der Kirche über die Religionsfreiheit, in: J. Hamer/ Y. Congar (Hg.), Die Konzilserklärung über die Religionsfreiheit, Paderborn 1967, 125–165; ders., Die Erklärung über die Religionsfreiheit, in: Concilium 2 (1966), 319–326; R. Sebott, Religionsfreiheit und Verhältnis von Kirche und Staat; J. A. Komonchak, in: P. Hünermann (Hg.), Das II. Vatikanum – christlicher Glaube im Horizont globaler Modernisierung, Paderborn 1998, 211–225; ders., Das II. Vatikanum und die Auseinandersetzung zwischen Katholizismus und Liberalismus, in: F.-X. Kaufmann/A. Zingerle (Hg.), Vatikanum II und Modernisierung, Paderborn 1996, 147–169.

89 Vgl. zur Genese des Texts mit allen wichtigen Äußerungen die
    Dokumentation: Declaratio de Libertate religiosa »Dignitatis
    humanae«, hrsg. von F. Gil Hellín, Roma 2008. Zu Unrecht
    vergessen ist A. Bea, Der Weg zur Einheit nach dem Konzil,
    Freiburg i. Br. 1966, 233–289. Vgl. außer den Kommentaren von
    Y. Congar, P. Pavan, R. A. Siebenrock (genaue Angaben bei R.
    A. Siebenrock, s. o. Anm. 8, 209 ff.) besonders auch Th. A.
    Weitz, Religionsfreiheit auf dem Zweiten Vatikanischen Konzil,
    St. Ottilien 1997; F. X. Bischof, in: F. X. Bischof/St. Leimgruber
    (Hg.), Vierzig Jahre II. Vatikanum, Würzburg 2004, 334–354
    (Lit.). Vgl. auch Th. Weißenborn, Religionsfreiheit, Marburg
    2003. Ich muss für die Einzelauslegung auf die schon erwähn-
    ten großen Kommentare verweisen.

90 A. F. Utz, J. F. Groner, Aufbau und Entfaltung des gesellschaft-
    lichen Lebens. Soziale Summe Pius' XII., 3 Bände, Band 2, Fri-
    bourg 1954–61, 3977/3978; dazu D. Gonnet, a. a. O., 29 ff.

91 M. Rhonheimer, Christentum und säkularer Staat, 154.

92 Die Textgenese wird hier nicht im Detail dargestellt. Die Ana-
    lyse der ersten Kommentatoren zur Textgenese (Pavan, Murray,
    Hamer) hat sich bis heute bewährt (Weißenborn, Siebenrock).
    Vgl. die Textstufen in dem schon genannten Werke von Fran-
    cisco Gil Hellín »Dignitatis humanae«, Rom 2008, 191 ff. (erste
    Stufe), XXIII/IV (Chronologie).

93 Als erste Information vgl. dazu K. Lehmann, Menschenwürde:
    Herkunft und Zukunft. Philosophisch-theologische Anmer-
    kungen, in: Günter Seubold (Hg.), Humantechnologie und
    Menschenbild. Mit einem Blick auf Heidegger, Bonn 2006,
    129–149; E.-W. Böckenförde, Recht, Staat, Freiheit. Erweiterte
    Ausgabe, Frankfurt 2006, 379–419 (Lit.); zum Ganzen vgl. auch
    Chr. Böttigheimer, Glauben verstehen, Freiburg i. Br. 2012,
    72 ff., 240 ff.; H. Joas, Glaube als Option, Freiburg i. Br. 2012;
    zur weiteren Begründung vgl. außer den schon genannten
    Schriften von E.-W. Böckenförde besonders M. Rhonheimer,
    Christentum und säkularer Staat, 155–163. Im Anschluss an
    H. Joas vgl. B. Laux (Hg.), Heiligkeit und Menschenwürde,
    Freiburg i. Br. 2013; H. J. Große Kracht (Hg,), Der moderne
    Glaube an die Menschenwürde. Bielefeld 2014.

94 Vgl. zusammenfassend Conseil pontifical »Justice et Paix«, Les

Droits de l'homme et l'église, Vatican 1990; generell Th. Hoppe, Menschenrechte im Spannungsfeld von Freiheit, Gleichheit und Solidarität = Theologie und Frieden 17, Stuttgart 2002, 29 ff. u. ö.; A. Rauscher (Hg.), Toleranz und Menschenwürde = Soziale Orientierung 21, Berlin 2011; H. Bielefeldt, Philosophie der Menschenrechte, Darmstadt 1998; W. Odersky (Hg.), Die Menschenrechte, Düsseldorf 1994.

95 Vgl. U. Ruh (Hg.), Johannes Paul II., Gewissen der Welt, Freiburg i. Br. 2002, mit einer Einführung von E.-W. Böckenförde, 9–21.

96 Vgl. einen der ersten Kommentare zu »Dignitatis humanae« in der Textausgabe »Erklärung über die Religionsfreiheit« Münster 1968, 5–21 (mehrere Nachdrucke) und vielen anderen Studien E.-W. Böckenförde, Toleranz – Leidensgeschichte der christlichen Kirchen, in: ders., Recht, Sittlichkeit, Toleranz. Überlegungen zu Aufgabe, Möglichkeiten und Grenzen des Rechts – Bausteine zur Philosophie 16, Ulm 2001 (Humboldt-Studienzentrum der Universität), 51–68; vgl. ders., Religionsfreiheit = Schriften zu Staat-Gesellschaft-Kirche, Band III, Freiburg i. Br. 1990; ders., Kirche und christlicher Glaube in den Herausforderungen der Zeit, 2. Auflage, Berlin 2007, 197–212, 231–246; ders., Die Reinigung des Glaubens, in: Frankfurter Allgemeine Zeitung, Nr. 215, 16. September 2010, 32.

97 Dazu K. Lehmann, Glaube, in: Handbuch philosophischer Grundbegriffe, Band II, München 1973, 596–605.

98 Nachweise bei J. Leclerc, Geschichte der Religionsfreiheit im Zeitalter der Reformation, Band 1, 139 ff., ganz besonders aber die zahlreichen Zeugnisse bei DH 10 mit Anm. 7.

99 Vgl. A. Angenendt, a. a. O., 232 ff.,245 ff.

100 Vgl. z. B. S.th. II-II qu.10, art. 8 ad 3 und qu. 11, art. 3.

101 Vgl. dazu J. Leclerc, Band 1, 190 ff., 324 ff.; Band 2, 198 ff. u. ö.; R. Forst, Toleranz im Konflikt, 136 ff., 153f; A. Angenendt, Toleranz und Gewalt, 5. Auflage, 245 ff., 378 ff., 391 ff..

102 Dies räumt auch E.-W. Böckenförde ein, Kirche und christlicher Glaube in den Herausforderungen der Zeit, 477: »Will man diese Äußerungen ohne Voreingenommenheit würdigen und interpretieren, darf man freilich nicht von der Zeitsituation und dem Kontext abstrahieren. Die päpstlichen Verurteilungen

und Lehren waren veranlasst durch die Auseinandersetzung einerseits mit einem agnostischen Liberalismus und Indifferentismus als Weltanschauung, der mit einem sich steigerndem Antiklerikalismus insbesondere in den romanischen Ländern verbunden war, anderseits mit den politischen Ordnungsideen der Aufklärung und der Französischen Revolution, die nicht zuletzt das liberale und tendenziell auch demokratische Freiheitskonzept zum Inhalt hatten, in ihrer ersten praktischen Anwendung freilich totalitäre Exzesse keineswegs vermieden.«

103 Vgl. die schon genannte Einleitung zur Textausgabe der »Erklärung über die Religionsfreiheit« (Münster 1968), danach auch öfter abgedruckt, z.B. in: Kirche und christlicher Glaube in den Herausforderungen der Zeit, 2. Aufl., Berlin 2007, 231–246.

104 Vgl. ebd., 469–489; ders., Religionsfreiheit. Die Kirche in der modernen Welt = Schriften zu Staat-Gesellschaft-Kirche, Bd. 3, Freiburg i. Br. 1990, 33 ff., 59 ff.

105 Vgl. Kirche und christlicher Glaube in den Herausforderungen der Zeit, 469, 471–489 (dort auch weitere Literatur).

106 Vgl. dazu K. Rahner/K. Lehmann, in: J. Feiner/M. Löhrer (Hg.), Mysterium salutis I, Einsiedeln 1965, 727–787. Die Diskussion ist sicher noch nicht beendet. Vgl. zur Sache auch W. Thönissen, Dogma und Symbol. Eine ökumenische Hermeneutik, Freiburg i. Br. 2008, 107–124; vgl. auch K. Lehmann, Verbindliche Lehraussagen und Geschichtlichkeit des Lebens der Kirche, in: Una Sancta 31 (1976), 285–298. Vgl. auch in noch größerem Zusammenhang die Studien in: Damberg, W./Sellmann, M. (Hg.), Die Theologie und das »Neue«. Perspektiven zum kreativen Zusammenhang von Innovation und Tradition, Freiburg i. Br. 2015; Wolf, H., Krypta. Unterdrückte Traditionen der Kirchengeschichte, München 2015.

107 Vgl. Y. Congar, Der Fall Lefebvre, Schisma in der Kirche?, mit einer Einführung von K. Lehmann, Freiburg i. Br. 1977, 58 ff., 99 f. (mit Dokumenten aus den Jahren 1974 bis 1977). Statt vieler Literatur vgl. A.M. Batlogg SJ/N. Klein SJ, Die Piusbruderschaft und das Zweite Vatikanische Konzil, in: Ph. Thull (Hg.), Ermutigung zum Aufbruch. Eine kritische Bilanz des Zweiten Vatikanischen Konzils, Darmstadt 2013, 156–164 (Lit.).

108 Vgl. ebd., 63 ff.; vgl. auch kritisch M. Rhonheimer, Christentum und säkularer Staat, 155 ff.; R. Forst (Hg.), Toleranz, 60 ff. (O. Höffe), 177 ff. (P. Schmidt-Leukel).

109 Aus der schon sehr umfangreichen Literatur nenne ich vor allem P. Hünermann (Hg.), Exkommunikation oder Kommunikation = Quaestiones disputatae 236, Freiburg i. Br. 2009; Themenheft »Kirche wohin? Irritationen und Perspektiven«, in: Münchener Theologische Zeitschrift 60 (2009), Heft 3; K. Hilpert, Die Menschenrechte, Düsseldorf 1991, 243–245; A. Schifferle, Die Pius-Bruderschaft, Kevelaer 2009, 59 ff., 193 ff.; B. Dennemark u. a. (Hg.), Von der Trennung zur Einheit. Das Bemühen um die Pius-Brüder, Würzburg 2011.

110 Zum gesamten Kontext vgl. Johannes Paul II., Wir fürchten die Wahrheit nicht. Der Papst über die Schuld der Kirche und der Menschen, Graz 1997; Internationale Theologische Kommission (Hg.), Erinnern und Versöhnen. Die Kirche und die Verfehlungen in ihrer Vergangenheit, Freiburg i. Br. 2000.

111 Vgl. dazu besonders Papst Franziskus, Die Freude des Evangeliums (»Evangelii gaudium«), Freiburg i. Br. 2013, 253, 256–257.

112 E.-W. Böckenförde, Recht, Sittlichkeit, Toleranz, 66, mit Hinweis auf die Erklärung zur Religionsfreiheit, Art. 1, 2; vgl. auch die Interpretation in den Kommentaren zum Konzilsdekret, besonders aber auch in: J. Hamer/Y. Congar (Hg.), Die Erklärung über die Religionsfreiheit.

113 Böckenförde, ebd., 68.

114 U. Di Fabio, Gewissen, Glaube, Religion. Wandelt sich die Religionsfreiheit?, Berlin 2008, 51 f.

115 Vgl. besonders auch P. Kirchhof, Die kulturellen Voraussetzungen von Freiheit, Karlsruhe 1995; ders., Das Maß der Gerechtigkeit, München 2009; vgl. auch R. Forst, Toleranz im Konflikt, 522 ff.

116 Dazu erhellend und knapp: J. Ratzinger, Die Vielfalt der Religionen und der Eine Bund, Hagen 1998, 117 f.; ders.; Werte in Zeiten des Umbruchs, Freiburg i. Br. 2005, 51–68.

117 Vgl. dazu K. Lehmann, Vom Dialog als Form der Kommunikation und Wahrheitsfindung in der Kirche heute, in: Zuversicht aus dem Glauben. Die Grundsatzreferate des Vorsitzenden der Deutsche Bischofskonferenz, Freiburg 2006, 205–219; K. Leh-

mann (Hg.), Weltreligionen. Verstehen, Verständigung, Verantwortung, Frankfurt 2009; in praktischer Hinsicht vgl.
Mut zum Dialog. Orientierung für unsere Zeit, hrsg. von
M. Kinnen, Freiburg i. Br. 2008. Vgl. dazu schon früher: Absolutheit des Christentums als philosophisches und theologisches
Problem, in: W. Kasper (Hg.), Absolutheit des Christentums =
Quæstiones disputatae 79, Freiburg i. Br. 1977 u. ö., 13–38
(Lit.). Zur Sache vgl. u. a. R. Bernhardt, Der Absolutheitsanspruch des Christentums, Gütersloh 1990. Vgl. auch K. Rahner, Dialog und Toleranz als Grundlage einer humanen
Gesellschaft, in: Sämtliche Werke, Bd. 28, Freiburg i. Br. 2010,
731–741; ders., Toleranz in der Kirche, Freiheit und Manipulation in Gesellschaft und Kirche. Rückblick auf das Konzil,
Freiburg i. Br. 1977, 9–65. Zur bleibenden Sendung der Kirche
vgl. auch M. Rhonheimer, Christentum und säkularer Staat,
157 ff.

118 Vgl. Chr. Stark (Hg.), Wo hört die Toleranz auf?, Göttingen
2006, 11 ff., 63 ff. Vgl. dazu auch allgemein E. Castelli (Hg.),
L'Herméneutique de la Liberté Religieuse, Paris 1968; H. Schmidinger (Hg.), Identität und Toleranz. Christliche Spiritualität
im interreligiösen Spiegel, Innsbruck 2003; J. Maritain, Wahrheit und Toleranz, Heidelberg 1960; Alfred Herrhausen Gesellschaft für interreligiösen Dialog (Hg.), Das Ende der Toleranz?,
München 2002; I. Broer/R. Schlüter (Hg.), Christentum und
Toleranz, Darmstadt 1996; K. Zillober, Toleranz, Kevelaer
2003; Themenheft »Toleranz« der Internationalen Zeitschrift
für Theologie Concilium 2 (1966) Heft 8 (Oktober) mit Beiträgen vor allem von J. Leclerc, P. Pavan, P. Huizing (wichtiger
Literaturüberblick); O. Höffe, Pluralistische Gesellschaft und
Toleranz, in: Merkur 64 (2010), 210–218.

119 Außer der schon genannten Literatur vgl. zu den Schranken der
Toleranz den Schluss des Toleranz-Artikels in »Geschichtliche
Grundbegriffe« von K. Schreiner, 604 f.

120 Vgl. dazu K. Lehmann (Hg.), Weltreligionen. Verstehen, Verständigung, Verantwortung, 252–273, 313–321; vgl. auch Ph.
Müller, Predigt ist Zeugnis, Freiburg i. Br. 2007; K. Gabriel
u. a. (Hg.), Religionsfreiheit und Pluralismus = Katholizismus
zwischen Religionsfreiheit und Gewalt 1, Paderborn 2010;

A. Loretan (Hg.), Religionsfreiheit im Kontext der Grundrechte = Religionsrechtliche Studien 2, Zürich 2010.

121 Vgl. dazu E. Castelli (Hg.), L'Herméneutique de la liberté religieuse, (zahlreiche Referate eines Internationalen Kolloquiums vom 7.–12. Januar 1968).

122 Für die historische und systematische Dimension vgl. W. Kasper, Wahrheit und Freiheit. Die Erklärung über die Religionsfreiheit des II. Vatikanischen Konzils, Heidelberg 1988; ders., Wege der Einheit, Freiburg i. Br. 2005, 235 ff., 538; ders., Katholische Kirche, Freiburg i. Br. 2011, 178 ff., 413 ff., 448 ff.; ders., Theologie und Kirche II, Mainz 1999, 213 ff., 213–228; 229–248; vgl. auch K. Krämer/K. Vellguth (Hg.), Religionsfreiheit. Grundlagen – Reflexionen – Modelle = Theologie der einen Welt 5, Freiburg i. Br. 2014, 19–39 (Lit.).

123 Vgl. dazu J. Greisch, »Schwierige Religionsfreiheit«, in: Jahrbuch für Religionsphilosophie 10 (2011) 91–114, bes. 93 mit Anm. 4.

124 Toleranz – Überprüfung eines Begriffs. Ermittlungen, Frankfurt 1974, 7; vgl. dazu auch Band V der »Gesammelten Schriften von A. Mitscherlich«: »Wie ich mir, so ich dir. Zur Psychologie der Toleranz«, Frankfurt 1983, bes. 410–428, 429–455; dazu auch A. Honneth, Pathologien der Vernunft. Geschichte und Gegenwart der kritischen Theorie, Frankfurt 2007, 192–200, bes. 197 ff.

125 Vgl. dazu U. Di Fabio, Gewissen, Glaube, Religion, 35–37.

126 Dazu G. Püttner, Toleranz als Verfassungsprinzip. Prolegomena zu einer rechtlichen Theorie des pluralistischen Staates, Berlin 1977.

127 R. Forst, Toleranz im Konflikt, Frankfurt 2003, 503.

128 Vgl. K. Marx, Zur Judenfrage, in: Karl Marx-Friedrich Engels-Gesamtausgabe I/2, Berlin 1982; auch in: Marx-Engels I, Studienausgabe Philosophie, hrsg. von J. Fetscher, Frankfurt 1966, 31–60.

129 Vgl. dazu R. Forst, ebd., 503–510.

130 Vgl. dazu ebd., 510–514, 580 f. (dort auch Lit.).

131 Vgl. zur Auseinandersetzung verschiedene Beiträge in: Jahrbuch für Religionsphilosophie 13 (2014), Freiburg i. Br. 2015.

132 Berlin 2009 u. ö.

133 Vgl. ebd., 14.

134 Die Sowohl-als-auch-Falle. Eine theologische Kritik des Post-modernismus, Luzern 1993, auch in: Gesammelte Werke, Bd. 10: Ein Volk ohne Vision geht zugrunde, Stuttgart 2009, 261–279; vgl. dazu auch D. Sölle, Christentum und Intoleranz, in: dies., Sympathie, Stuttgart 1978, 71–82, bes. 75 ff.

135 Vgl. z. B. A. Schwarzer (Hg.), Die große Verschleierung. Für Integration, gegen Islamismus, Köln 2010, 14.

136 R. Forst, Toleranz im Konflikt, 503–514; zur Kritik der Toleranz-idee vgl. auch die instruktive und konzentrierte Darstellung bei H. Hastedt, Toleranz, Stuttgart 2012, 76–87.

137 R. P. Wolf, B. Moore, H. Marcuse, Kritik der reinen Toleranz, Frankfurt 1966 u. ö., 94, 121 f., 127 f.

138 Ebd., 121.

139 Zur Auseinandersetzung vgl. R. Forst, Toleranz im Konflikt, 486, 499, 708.

140 C. Schmitt, Der Begriff des Politischen. Text von 1932 mit einem Vorwort und drei Corollarien, 7. Aufl., 5. Nachdruck der Ausgabe von 1963, Berlin 2002, 97 (dieser Text stammt aus dem Jahr 1931).

141 Zu diesem Begriff vgl. O. Höffe, Relativismus, in: ders., Lexi-kon der Ethik, 7. Aufl., München 2008, 258–260 (Lit.).

142 Vgl. A. MacIntyre, Der Verlust der Tugend. Zur moralischen Krise der Gegenwart, Frankfurt 1987, 149 ff., 341 ff., 362 ff.; ders., Toleration and the Goods of Conflict, in: S. Mendus (Hg.), The Politics of Toleration, Edinburgh 1999, 133–155.

143 Dazu A. Honneth (Hg.), Kommunitarismus, Frankfurt 1993, 64 f., 79 f., 190 ff., 195; V. Weber, Tugendethik und Kommunita-rismus, Würzburg 2002, 40 ff., 63 ff., 131 ff.; M. Haus, Kommu-nitarismus, Wiesbaden 2003, 35 ff.; Chr. Zahlmann (Hg.), Kommunitarismus in der Diskussion, 1994 (ohne Ortsangabe), 74 ff., 118 ff.; M. Kühnlein (Hg.), Kommunitarismus und Reli-gion = Deutsche Zeitschrift für Philosophie, Sonderband 25, Berlin 2010, 329–387, darin bes. W. Lesch, Zur Zivilisierung religiöser Differenzen. Toleranzkonzepte in der Diskussion, 331–42, dazu M. Walzer, Über Toleranz, Hamburg 1998.

144 Hrsg. von P. Engelmann, 4. Aufl., Wien 2009.

145 Ebd., 13 f.; vgl. auch 48, 74, 70, 74.

146 Wahrheit und Toleranz = Thomas im Gespräch 4, Heidelberg

1960; dazu auch das aufschlussreiche Nachwort von P. M. Engelhardt OP, 45–66.

147 Vgl. ebd., 29 ff.

148 Vgl. dazu J. Maritain, Christlicher Humanismus, Heidelberg 1950, Christentum und Demokratie, Augsburg 1949, 62 ff. Zur Einführung vgl. P. Nickl, Jacques Maritain, Paderborn 1992, 95 ff., 104 ff. (Lit.); Ph. Cenaux, »Humanisme intégral« (1936), Paris 2006, 24 ff., 47 ff., 95 ff. (Lit.).

149 A. Honneth, Pathologien der Vernunft, Frankfurt 2007, 200 (zu A. Mitscherlich).

150 A. und M. Mitscherlich, Die Unfähigkeit zu trauern, München 1967, 269.

151 Vgl. dazu M. Pera/J. Ratzinger, Ohne Wurzeln, Augsburg 2005; J. Kard. Ratzinger, Glaube – Wahrheit – Toleranz, Freiburg i. Br. 2003, 94 ff., 98 f., 102 f., 164 f.

152 Vgl. D. Sternberger, in: Gut und Böse. Schriften IX, Frankfurt 1988, 141, 166, bes. 166.

153 Vgl. K. Lehmann, Zivilcourage als christliche Tugend und Formen des Widerstands, ursprünglich: Gedächtnisvorlesung Weiße-Rose am 21. Januar 2010 in der Ludwig-Maximilians-Universität in München, Zivilcourage als christliche Tugend und Formen des Widerstands, in: Fluchtpunkt Fundamentalismus?. Gegenwartsdiagnosen katholischer Moral, hrsg. v. Stephan Goertz, Rudolf B. Hein und Katharina Klöcker, Freiburg i. Br. 2013, 381–401. Vgl. auch G. Meyer, Mut und Zivilcourage, Opladen 2014.

154 O. Höffe, Lexikon der Ethik, 7. Aufl., München 2008, 18 f.; vgl. auch ders., Lebenskunst und Moral, München 2007, 122 ff., 153 f., 168 f. u. ö.

155 Vgl. dazu als erste Einführung G. Amengual/R. Finelli/H. Kerber, Art. Anerkennung, in: Enzyklopädie Philosophie, Bd. 1, Hamburg 2010, 91–95 (Lit.); M. Düwell, Art. Anerkennung, in: Neues Handbuch philosophischer Grundbegriffe, Bd. 1, Freiburg i. Br. 2011, 124–135 (Lit.).

156 Vgl. dazu bes. Th. Hobbes, Vom Menschen/vom Bürger, hrsg. von G. Gawlick, Hamburg 1966; Leviathan oder Stoff, Form und Gewalt eines kirchlichen und bürgerlichen Staates, hrsg. von I. Fetscher, Frankfurt 1984; I. Fetscher, Toleranz, Stuttgart

1990, 41 ff. Dazu R. Forst, Toleranz im Konflikt, 245 ff., 265 ff., 552 ff.

157 Vgl. dazu W. Jaeschke/A. Arndt, Die klassische deutsche Philosophie nach Kant, München 2012, 99 ff.

158 Vgl. Phänomenologie des Geistes = Hauptwerk in sechs Bänden, 2. Band, Hamburg 1999, 109 ff. Vgl. auch M. Riedel, Studien zu Hegels Rechtsphilosophie, Frankfurt 1969; ders., Bürgerliche Gesellschaft und Staat. Grundproblem und Struktur der Hegelschen Rechtsphilosophie, Neuwied 1970, 54 ff., 69 ff.

159 Vgl. dazu ausführlich L. Siep, Anerkennung als Prinzip der praktischen Philosophie. Untersuchungen zu Hegels Jenaer Philosophie des Geistes, Freiburg i. Br. 1979; A. Wildt, Autonomie und Anerkennung. Hegels Moralitätskritik im Lichte seiner Fichte-Rezeption, Stuttgart 1982; A. Honneth, Kampf und Anerkennung, Frankfurt 1992 u. ö.; vgl. auch L. Siep, Praktische Philosophie im Deutschen Idealismus, Frankfurt 1992, 172–181 (ursprünglich 1975).

160 Dazu O. Höffe, Lebenskunst und Moral, 124.

161 Vgl. dazu zuerst J. Habermas, Arbeit und Interaktion, in: ders., Technik und Wissenschaft als »Ideologie«, Frankfurt 1971. Vgl. die im Einzelnen schon zitierten Arbeiten von L. Siep, A. Wildt, A. Honneth usw.

162 Vgl. dazu Ch. Taylor, Die Politik der Anerkennung, in: Multikulturalismus und die Politik der Anerkennung, Frankfurt 2009 u. ö. (vgl. dazu auch J. Habermas, Anerkennungskämpfe im deutschen Rechtsstaat, ebd., 123–163).

163 Vgl. Kritik der Macht, Frankfurt 1989; Integrität und Missachtung. Grundmotive einer Moral der Anerkennung, in: Merkur 44 (1990) 1043–1054; Pathologien des Sozialen, Frankfurt 1994; Desintegration, Frankfurt 1994; Die zerrissene Welt des Sozialen. Erweiterte Neuausgabe, Frankfurt 1999; Das Andere der Gerechtigkeit, Frankfurt 2000; Leiden an Unbestimmtheit, Stuttgart 2001; Unsichtbarkeit, Frankfurt 2003; N. Fraser/A. Honneth, Umverteilung oder Anerkennung?, Frankfurt 2003; Verdinglichung, Frankfurt 2005; Pathologien der Vernunft, Frankfurt 2007; Das Ich im Wir, Frankfurt 2010. Zur Diskussion vgl. Chr. Halbig u. a. (Hg.), Axel Honneth: Sozial-

philosophie zwischen Kritik und Anerkennung = Münsteraner
Vorlesungen zur Philosophie 5, Münster 2004.

164 Berlin 2011, vgl. dazu L. Siep, Wir sind dreifach frei, in: DIE
ZEIT vom 18. 8. 2011, Nr. 34, 47.

165 Über Gewissheit, Frankfurt 1970, 99 (Nr. 378).

166 Vgl. Unsichtbarkeit, 7 ff., 10–27. Dort auch Verweise auf die
Literatur zu L. Wittgenstein, bes. A. Margalit und S. Cavell.

167 Ebd., 27.

168 Vgl. nur: Wege der Anerkennung, Frankfurt 2006.

169 Vgl. nur: Humanismus des anderen Menschen, Hamburg 2005
mit der Einleitung von L. Wenzler; B. Casper, Angesichts des
Anderen, Paderborn 2009, 15 ff., 56 ff., 85 ff., 137 ff.; ders., Altérité
et transcendance, Paris 1995, 129–155.

170 Kritik der ethischen Gewalt, Frankfurt 2000.

171 Außer den zahlreichen Arbeiten von O. Höffe vgl. vor allem
W. Vossenkuhl, Die Möglichkeit des Guten. Ethik im 21.
Jahrhundert, München 2006, 45 ff., 91, 254–255, 277, 359; R. Spaemann, Personen, Stuttgart 1996 u. ö. 191 ff. – In diesem
Zusammenhang muss ich auf viele Hinweise verzichten, so kann
ich nicht eingehen auf das große Werk von J. Rawls, Eine Theorie der Gerechtigkeit, Frankfurt 2003; Gerechtigkeit als Fair-
ness, hrsg. von O. Höffe, Freiburg i. Br. 1977; Politischer Liberalismus, Frankfurt 1998; Das Recht der Völker, Berlin 2002.

172 Vgl. dazu auch A. Melloni u. a. (Hg.), L'Alterità. Concezioni ed
esperienze nel cristianesimo contemporaneo, Bologna 1995.

173 Ich habe dies ausführlich an anderer Stelle dargelegt und auf
eine umfangreiche Literatur hingewiesen, vgl. K. Lehmann,
Wahrheit und Toleranz. Zum Verständnis des Grundrechts
auf Religionsfreiheit, in: Göttingische Gelehrte Anzeigen, 262
(2010), 111–126, bes. 120 f.; ders., Probleme und Perspektiven des
deutschen Staat-Kirche-Verhältnisses unter besonderer Berück-
sichtigung der Religionsfreiheit in einer immer stärker pluralistischen Gesellschaft, in: I. Dingel/Chr. Tietz (Hg.), Kirche und
Staat in Deutschland, Frankreich und den USA, Göttingen
2012, 139–158 (Lit.).

174 Vgl. dazu A. von der Lühe, Fanatismus, in: W. Schneiders
(Hg.), Lexikon der Aufklärung, München 1995, 116–118 (Lit.).

175 Dazu K. Lehmann, Der Fundamentalismus als Herausfor-

derung für Theologie und Kirche, in: Fundamentalismus als Herausforderung an Staat, Kirche und Gesellschaft = Essener Gespräche zum Thema Staat und Kirche Bd. 33, Münster 1999, 63–85 (Lit.).

176 Vgl. U. Di Fabio, Die Kultur der Freiheit, München 2005; E. Schockenhoff, Erlöste Freiheit, Freiburg i. Br. 2012; J. Römelt, Das Geschenk der Freiheit, Innsbruck 2011.

177 Vgl. W. Kasper (Hg.), Absolutheit des Christentums = Quaestiones disputatae 79, Freiburg i. Br. 1977 u. ö., darin auch mein Beitrag »Absolutheit des Christentums als philosophisches und theologisches Problem«, 13–38 (Lit.); R. Bernhardt, Der Absolutheitsanspruch des Christentums. Von der Aufklärung bis zur Pluralistischen Religionstheologie, Gütersloh 1990; H. M. Vroom, Absolutheitsanspruch des Christentums, in: Religion in Geschichte und Gegenwart I, Tübingen 1998, 82–85; P. Steinacker, Absolutheitsanspruch und Toleranz, Frankfurt 2006; H. Thielicke, Absolutheitsanspruch und Toleranz, in: H. Helbling (Hg.), Religionsfreiheit im 20. Jahrhundert, Zürich 1977, 27–35.

178 Vgl. vor allem zum Mittelalter D. Georg-Wieland, Das Eigene und das Andere. Theoretische Elemente zum Begriff der Toleranz im hohen und späten Mittelalter, in: A. Patschovsky/ H. Zimmermann (Hg.), Toleranz im Mittelalter = Vorträge und Forschungen XLV, Sigmaringen 1998, 11–25; Th. Sundermeier, Den Fremden wahrnehmen, Gütersloh 1992; ders., Die Begegnung mit dem Anderen, Gütersloh 1991; ders., Konvivenz und Differenz, Gütersloh 1995; ders., Den Fremden verstehen, Gütersloh 1996; N. Klimek (Hg.), Universalität und Toleranz, Essen 1989.

179 Vgl. dazu R. Spaemann, Personen, Stuttgart 1996 u. ö., 191–208, bes. 197.

180 Vgl. M. Buber, Das dialogische Prinzip, 10. Aufl., Gütersloh 2006; K. Lehmann, Vom Dialog als Form der Kommunikation und Wahrheitsfindung in der Kirche heute, in: ders., Zuversicht aus dem Glauben, Freiburg i. Br. 2006, 205–219; W. Kasper, Katholische Kirche, Freiburg i. Br. 2011, 416–462.

181 In aller Kürze vgl. J. Mittelstraß, Perspektivismus, in: Enzyklopädie, Philosophie und Wissenschaftstheorie, Bd. 3, Stuttgart 1995, 96f. (Lit.).

182 Dazu vgl. außer der schon genannten Literatur B. Wiekowski, Relativismus, in: A. Franz u.a. (Hg.), Lexikon philosophischer Grundbegriffe der Theologie, 2. Aufl., Freiburg i. Br. 2007, 345–348 (Lit.); J. Ratzinger, Gott und die Vernunft, Augsburg 2007, 12 ff., 31 ff.

183 A. und M. Mitscherlich, Die Unfähigkeit zu trauern, 269 f.

184 Ebd., 270 f.

185 Vgl. dazu verschiedene Arbeiten von W. Schneiders, Die wahre Aufklärung, München 1974; ders., Das Zeitalter der Aufklärung, 2. Aufl., München 2001, 113 ff.; ders., Hoffnung auf Vernunft, Hamburg 1990, 163 ff.; W. Oelmüller, Die unbefriedigte Aufklärung, Frankfurt 1969.

186 Vgl. dazu außer der schon genannten Literatur zum Verständnis vom Fremdem auch U. Guzzoni, erstaunlich und fremd. Erfahrungen und Reflexionen, Freiburg i. Br. 2012.

187 Vgl. dazu G. Krieger, Cusanus und die Idee der Toleranz, in: »Nikolaus Cusanus: ein bewundernswerter historischer Brennpunkt«, hrsg. von K. Reinhardt/H. Schwaetzer, Regensburg 2008, 97–119, bes. 117.

188 An dieser Stelle möchte ich auf die Idee »Die Bürden des Urteilens« hinweisen, dargelegt von J. Rawls, Politischer Liberalismus, Frankfurt 2003, 127 ff., vgl. 129: »Die Idee vernünftiger Meinungsverschiedenheiten schließt eine Erklärung für die Entstehung von Meinungsverschiedenheiten zwischen den so definierten vernünftigen Personen ein. Diese Quellen bezeichne ich als die Bürden des Urteilens. Diese Bürden müssen so dargestellt werden, dass sie vollständig mit der Vernünftigkeit derjenigen zu vereinbaren sind, die Meinungsverschiedenheiten haben und diese nicht infrage stellen.«, vgl. auch ebd., 131 ff., 204 ff.

189 So die gleichnamige Schrift mit Beiträgen von L. Jansen, F. Domaschke, hrsg. von Chr. Starck = Preisschriften des Forschungsinstituts für Philosophie Hannover, Bd. 3, Göttingen 2006.

190 Ebd., 7. Vgl. auch G. M. Frederickson, Rassismus, Stuttgart 2011.

191 O. Höffe, Den Staat braucht selbst ein Volk von Teufeln. Philosophische Versuche zur Rechts- und Staatsethik, Stuttgart 1988, 105–124, Zitat: 121.

192 Ebd., 122. Vgl. dazu die zahlreichen Studien von O. Höffe, Po-

litische Gerechtigkeit, Frankfurt 1987; ders., Demokratie im
Zeitalter der Globalisierung, München 1999; ders., Wirtschafts-
bürger – Staatsbürger – Weltbürger, München 2004; ders., Ist
die Demokratie zukunftsfähig?, München 2009; vgl. aber auch
ders., Strategien der Humanität, 2. Aufl., Frankfurt 1985; ders.,
Kategorische Rechtsprinzipien, 3. Aufl., Frankfurt 1995, ders.,
Vernunft und Recht, 2. Aufl., Frankfurt 1998; ders., Moral als
Preis der Moderne, 4. Aufl., Frankfurt 2000; ders., Ethik und
Politik, 5. Aufl., Frankfurt 2000; ders., »Königliche Völker«,
Frankfurt 2001; ders., Gerechtigkeit, 2. Aufl., Frankfurt 2004;
O. Höffe (Hg.), Vernunft oder Macht? Zum Verhältnis von
Philosophie und Politik, Tübingen 2006, 11 ff.; ders., Lebens-
kunst und Moral, München 2007 u. ö.

193 Zu diesen Fragen vgl. S. Muckel, Religiöse Freiheit und staatliche Letztentscheidung = Staatskirchenrechtliche Abhandlungen
29, Berlin 1997, 116 ff. (Lit.).

194 Zur Neutralität vgl. K. Lehmann, Wahrheit und Toleranz,
117 ff. (Lit.); N. Blum, Die Gedanken-, Gewissens- und Religionsfreiheit nach Art. 9 der Europäischen Menschenrechtskonvention = Staatskirchenrechtliche Abhandlungen 19, Berlin
1990.

195 H.-J. Becker, Toleranz, in: Staatslexikon, 7. Aufl., Bd. V, Freiburg i. Br. 1989, 485–489, Zitat: 488. Vgl. auch A. Loretan (Hg.),
Religionsfreiheit im Kontext der Grundrechte. Religionsrechtliche Studien. Teil 2, Zürich 2011, darin bes. die Beiträge von
A. Loretan, K. Seelmann, F. Hafner u. a.

196 Ebd.

197 O. Höffe, Den Staat braucht selbst ein Volk von Teufeln, 122.

198 Vgl. dazu in aller Kürze W. Vossenkuhl, Konflikt, in: Lexikon
der Ethik, 164–166; ders., Die Möglichkeit des Guten, 422–429.

199 E.-W. Böckenförde, Recht, Sittlichkeit, Toleranz. Überlegungen zu Aufgabe, Möglichkeiten und Grenzen des Rechts = Bausteine zur Philosophie. Interdisziplinäre Schriftenreihe des
Humboldt-Studienzentrums der Universität Ulm, Nr. 16, Ulm
2001, 51, vgl. zum Thema »Toleranz – Leidensgeschichte der
christlichen Kirchen«, vom selben Verfasser: 51–68.

200 Vgl. außer den schon genannten Studien E. Schockenhoff, Das
Recht, ungehindert die Wahrheit zu suchen, in: J.-H. Tück

(Hg.), Erinnerung an die Zukunft. Das Zweite Vatikanische Konzil, Freiburg i. Br. 2011, 601–642; Chr. Böttigheimer, Glauben verstehen. Eine Theologie des Glaubensaktes, Freiburg i. Br. 2012, 128 ff.; K. Krämer/K. Vellguth (Hg), Religionsfreiheit, 19 ff., 115 ff., 293 ff., 305 ff., 324.

201 Ich habe mehrfach diese Zusammenhänge auch für das Staat-Kirche-Verhältnis zur Sprache gebracht. Vgl. K. Lehmann, Wahrheit und Toleranz, 122 ff.; ders., Probleme und Perspektiven des deutschen Staat-Kirche-Verhältnisses, 139–158, bes. 155 ff. Zum Gesamtthema vgl. auch E.-W. Böckenförde, Überlegungen zu einer Theologie des modernen Rechts, in: Ehrenpromotion zum Dr. theol. Ernst-Wolfgang Böckenförde. Eine Dokumentation des Festaktes vom 12. 5. 1999, Universitätsreden, Neue Serie, Nr. 9, Ruhr-Universität Bochum 1999, 27–50.

202 Vgl. W. Odersky (Hg.), Die Menschenrechte, Düsseldorf 1954; H. Bielefeldt, Philosophie der Menschenrechte. Grundlagen eines weltweiten Freiheitsethos, Darmstadt 1998; A. Pollmann/ G. Lohmann (Hg.), Menschenrechte. Ein interdisziplinäres Handbuch, Stuttgart 2012 (Lit.); St.-L. Hoffmann (Hg.), Geschichte der Moralpolitik. Menschenrechte im 20. Jahrhundert, Göttingen 2010; D. Bogner, Ausverkauf der Menschenrechte Freiburg i. Br. 2007; Th. Hoppe, Menschenrechte im Spannungsfeld von Freiheit; Gleichheit und Solidarität = Theologie und Frieden 17, Stuttgart 2002.

203 U. Di Fabio, Die Kultur der Freiheit, 235 ff.; ders., Gewissen, Glaube, Religion, 57 ff., 79 ff.; P. Bahr/H. M. Heinig (Hg.), Menschenwürde in der säkularen Verfassungsordnung = Religion und Aufklärung 12, Tübingen 2006; D. Witschen, Was bedeutet: »Menschenrechte sind unverlierbar«?, in: Theologie und Philosophie, 87 (2012), 481–498 (Lit.); F. J. Wetz, Illusion Menschenwürde. Aufstieg und Fall eines Grundwerts, Stuttgart 2005; H. Bielefeldt, Auslaufmodell Menschenwürde? Warum sie in Frage steht und warum wir sie verteidigen müssen, Freiburg i. Br. 2011, bes. 90 ff., 105 ff., 153 ff. Vgl. auch die von F. J. Wetz herausgegebenen »Texte zur Menschenwürde«, Stuttgart 2011. Zur Thematik vgl. auch E.-W. Böckenförde, Kirche und christlicher Glaube in den Herausforderungen der Zeit, 2. Aufl., Berlin 2007; ders., Wissenschaft, Politik, Verfassungs-

gericht, Berlin 2011, 13 ff., 84 ff., 463 ff., 478 ff. Nützlich für das
Verständnis ist auch R. Gröscher u. a. (Hg.), Wörterbuch der
Würde, München 2013.

204 Vgl. besonders H. Joas, Die Sakralität der Person, Berlin 2011
u. ö.; dazu die Diskussionsbände B. Laux (Hg.), Heiligkeit und
Menschenwürde, Freiburg i. Br. 2013; H.-J. Große Kracht (Hg.),
Der moderne Glaube an die Menschenrechte, Bielefeld 2014.
Zur besonderen Thematik der Universalität der Menschenrechte vgl. J. Schuster, Die umstrittene Universalität der Menschenrechte, in: Stimmen der Zeit 139 (2014) 795–805 (Lit.).

205 Vgl. bes. Ch. Taylor, Multikulturalismus und die Politik der Anerkennung. Mit Kommentaren von H. Gutmann, St. C. Rocke-
feller, M. Walzer, S. Wolf und J. Habermas, Frankfurt 1993 (auch
in der Reihe »suhrkamp taschenbuch« erschienen, Frankfurt
2009); vgl. auch Ch. Taylor, Negative Freiheit?, Frankfurt 1992;
ders., Wie viel Gemeinschaft braucht die Demokratie?, Frankfurt 2001. Das Thema wird vertieft aufgegriffen in: J. Maclure,
Ch. Taylor, Laizität und Gewissensfreiheit, Frankfurt 2011. Vgl.
auch die Kritik von O. Höffe, Lexikon der Ethik, Kommunitarismus, 163 f. Vgl. auch Integration als globale Herausforderung
der Menschheit – Beiträge der Deutsch-Japanischen Gesellschaft für Integrative Wissenschaft, Dettelbach 2012.

206 Vgl. M. Kaufmann (Hg.), Integration oder Toleranz? Minder-
heiten als philosophisches Problem, Freiburg i. Br. 2001; A. Sen,
Die Identitätsfalle. Warum es keinen Krieg der Kulturen gibt,
München 2010.

207 O. Höffe, Den Staat braucht selbst ein Volk von Teufeln, 123.

208 Chr. Böttigheimer/F. Bruckmann (Hg.), Religionsfreiheit –
Gastfreundschaft – Toleranz. Der Beitrag der Religionen zum
europäischen Einigungsprozess, Regensburg 2009, bes. 111 ff.,
150 ff., 160 ff. Zur wichtigen Bedeutung von J. Derrida vgl. seine
Studien »Von der Gastfreundschaft«, 2. Aufl., Wien 2007, »Weltbürger aller Länder«, Berlin 2003 und »Adieu«, München 1999.

209 Vgl. K. Lehmann, Katholische Kirche in der globalisierten
Welt. Vortrag bei der Arbeitsgemeinschaft der Dogmatiker und
Fundamentaltheologen des deutschen Sprachraumes am
02. 10. 2014 in Freising (im Druck).

210 O. Höffe, Den Staat braucht selbst ein Volk von Teufeln, 123.

211 Nochmals sei dafür das eindrucksvolle Werk genannt von A. Angenendt, Toleranz und Gewalt. Das Christentum zwischen Bibel und Schwert, 5. Aufl., Münster 2009.

212 Vgl. dazu außer den schon genannten Arbeiten auch K. Rahner, Toleranz in der Kirche. Freiheit und Manipulation in Gesellschaft und Kirche. Rückblick auf das Konzil, Freiburg i. Br. 1977, 9–65; ders., Bilanz des Glaubens, München 1985, 17–30, 203–216; ders., Politische Dimensionen des Christentums. Ausgewählte Texte zu Fragen der Zeit, hrsg. von H. Vorgrimler, München 1986, 37 ff., 41 ff. u. ö.; ders., Dialog und Toleranz als Grundlage einer humanen Gesellschaft, in: Schriften zur Theologie XVI, Zürich 1984, 26–41.

213 Zu dieser Fragestellung vgl. K. Lehmann, Gegenwart des Glaubens, Mainz 1974, 94–108.

214 Vgl. J. Habermas, Die Zukunft der menschlichen Natur, Frankfurt 2001; ders., Glauben und Wissen, Frankfurt 2002; J. Habermas, J. Ratzinger, Dialektik der Säkularisierung: Über Vernunft und Religion, Freiburg i. Br. 2005; J. Habermas, Zwischen Naturalismus und Religion, Frankfurt 2005, bes. 258–278: Religiöse Toleranz als Schrittmacher kultureller Rechte; Nachmetaphysisches Denken II, Berlin 2012.

215 St. Schick, Selbstaufklärung der Vernunft als philosophische Grundlage religiöser Toleranz im Mittelalter und der deutschen Aufklärung, in: Jahrbuch für Religionsphilosophie, Bd. 10 (2011), 164–194, Zitat: 194; vgl. U. Di Fabio, Gewissen, Glaube, Religion, 43 ff.

216 Dazu erhellend und knapp: J. Ratzinger, Die Vielfalt der Religionen und der Eine Bund, Hagen 1998, 117 f.; ders.; Werte in Zeiten des Umbruchs, Freiburg i. Br. 2005, 51–68.

217 Außer der schon genannten Literatur vgl. zu den Schranken der Toleranz den Schluss des großen Toleranz-Artikels in »Geschichtliche Grundbegriffe« von K. Schreiner, 604 f.

218 Vgl. Ökumenischer Bericht zur Religionsfreiheit von Christen weltweit 2013 = Gemeinsame Texte 21, Bonn-Hannover 2013 (Lit.); Kl. Krämer/Kl. Vellguth (Hg.), Religionsfreiheit = Theologie der einen Welt 5, Freiburg i. Br. 2014, darin viele neue Länderberichte (Lit.); Th. Bremer/B. Haneke (Hg.). Band I, Münster 2014.

219 Vgl. dazu K. Lehmann (Hg.), Weltreligionen. Verstehen, Verständigung, Verantwortung, Frankfurt 2009, 252–273, 313–321; vgl. auch Ph. Müller, Predigt ist Zeugnis, Freiburg i. Br. 2007.

220 Dazu W. Löser, »Ist Ökumene mit Toleranz zu meistern?«, in: F. Schwitzgebel, Toleranz vor Augen, 68–76; F. Kamphaus, »Der Preis der Toleranz«, in: ders., Die Welt zusammenhalten. Reden gegen den Strom, Freiburg i. Br. 2008, 49–58. Auf eine Darlegung der eigenen Methoden im Gespräch der christlichen Kirchen untereinander und in der Ökumenischen Theologie muss hier verzichtet werden.

221 Dies ist der wahre Kern im Buch von P. L. Berger, A. Zijderveld, Lob des Zweifels. Was ein überzeugender Glaube braucht, Freiburg i. Br. 2010.

222 G. Kaiser, Toleranz, in: Stimmen der Zeit 135 (2010), Heft 8, 541–555, Zitat 554. Grundlage dafür ist vom selben Verfasser: Der Wahrheitsanspruch des Christentums, Tübingen 2009.

223 U. Di Fabio, a. a. O., 47; vgl. auch D. Henrich, Fluchtlinien, Frankfurt 1982, 43–64 und die früher zitierten Veröffentlichungen von W. Schneiders und W. Oelmüller.

224 Sämtliche Schriften in zwölf Bänden, hrsg. von K. Briegleb, München 1976, Memoiren, Bd. 11, 557, hier zitiert nach: Heinrich Heine, Die Bäder von Lucca. Die Stadt Lucca, Stuttgart 2007, 106 f. Ich verdanke die Kenntnis dieser Stelle dem Beitrag von W. Gössmann, Heinrich Heine, Aufklärerisches Schreiben gegen intolerante religiöse Zustände und Verhaltensweisen, in: B. F. W. Springer/A. Fidora (Hg.), Religiöse Toleranz im Spiegel der Literatur = Literatur 18, Berlin 2009, 245–255. Vgl. auch B. Kortländer, Heines Toleranz, in: F. Schwitzgebel, Toleranz vor Augen. Das Projekt von Karl-Martin Hartmann in der Wernerkapelle Bacharach in Zusammenarbeit mit dem Bauverein Wernerkapelle, Mainz 2010, 30–39. Ich verweise besonders auch auf H. Heine, Zur Geschichte der Religion und Philosophie in Deutschland (1835), Stuttgart 1997, und auf die Ausgabe im Insel-Verlag, Frankfurt 1966, hrsg. von W. Harich mit umfangreicher Einleitung. Vgl. dazu besonders auch J. Habermas, Heinrich Heine und die Rolle des Intellektuellen in Deutschland, in: ders., Eine Art Schadensabwicklung. Kleine Politische Schriften VI, Frankfurt 1987, 25–54; zu Heine und

besonders zu den »Reisebildern« vgl. G. Höhn (Hg.), Heine-Handbuch: Zeit, Person, Werk, 2. Aufl., Stuttgart 1997, 237–257; vgl. auch Th. W. Adorno, Noten zur Literatur I, Frankfurt 1961, 144–152 (Heines Wunde).

225 R. P. Wolff u. a., Kritik der reinen Toleranz, 102.

226 Vgl. seinen Artikel »Die Geschichte der Toleranz ist eine ungeheure Leidensgeschichte.« Karl Kardinal Lehmann, Bischof von Mainz, war Heine-Gastprofessor 2012/13, in: Magazin der Heinrich-Heine-Universität Düsseldorf, Ausgabe 01/2013, 30–35.

227 Vgl. den schon genannten Ökumenischen Bericht zur Religionsfreiheit von Christen weltweit 2013. Das Recht auf Religions- und Weltanschauungsfreiheit: Bedrohungen – Einschränkungen – Verletzungen = Gemeinsame Texte Nr. 21, hrsg. vom Sekretariat der Deutschen Bischofskonferenz und vom Kirchenamt der Evangelischen Kirche in Deutschland (EKD), Bonn/Hannover 2013 (Lit.: 74–80).

228 Erschienen in der Konstanzer Universitätsreden 218, Konstanz 2005, Zitat: 39 f.

Ausgewählte Literatur

Dieses Verzeichnis enthält in der Regel nur allgemeine Veröffentlichungen zum Toleranzproblem. Speziellere Untersuchungen werden zusätzlich in den Anmerkungen angeführt.

Alfred Herrhausen Gesellschaft für interreligiösen Dialog (Hg.), Das Ende der Toleranz?, München 2002.

Amipur, K., Den Islam neu denken, München 2013.

Angenendt, A., Toleranz und Gewalt. Das Christentum zwischen Bibel und Schwert, 5. Aufl., Münster 2009.

Berger, P. L./Zijderveld, A., Lob des Zweifels. Was ein überzeugender Glaube braucht, Freiburg i. Br. 2010.

Bielefeldt, H., Menschenrecht in der Einwanderungsgesellschaft, Bielefeld 2007.

Bielefeldt, H., Muslime im säkulären Rechtsstaat, Bielefeld 2003.

Bischof, F. X./Leimgruber, St. (Hg.), Vierzig Jahre II. Vatikanum, Würzburg 2004, 334–354.

Blum, N., Die Gedanken-, Gewissens- und Religionsfreiheit nach Art. 9 der Europäischen Menschenrechtskonvention = Staatskirchenrechtliche Abhandlungen 19, Berlin 1990.

Böckenförde, E.-W., Religionsfreiheit = Schriften zu Staat-Gesellschaft-Kirche, Band III, Freiburg i. Br. 1990.

Böckenförde, E.-W., Toleranz – Leidensgeschichte der christlichen Kirchen, in: ders., Recht, Sittlichkeit, Toleranz. Überlegungen zu Aufgabe, Möglichkeiten und Grenzen des Rechts – Bausteine zur Philosophie 16, Ulm 2001 (Humboldt-Studienzentrum der Universität), 51–68.

Böckenförde, E.-W., Kirche und christlicher Glaube in den Herausforderungen der Zeit, 2. Aufl., Berlin 2007.

Bogner, D., Ausverkauf der Menschenrechte?, Freiburg i. Br. 2007.

Böttigheimer, Chr./Bruckmann, F. (Hg.), Religionsfreiheit – Gastfreundschaft – Toleranz. Der Beitrag der Religionen zum europäischen Einigungsprozess, Regensburg 2009.

Broer, I./Schlüter, R. (Hg.), Christentum und Toleranz, Darmstadt 1996.

Bultmann, Chr./Siwczyk, B. (Hg.), Tolerant mit Lessing, Ein Lesebuch zur Ringparabel, Leipzig 2013.

Von Campenhausen, A., Religionsfreiheit, in: J. Isensee – P. Kirchhof (Hg.), Handbuch des Staatsrechts der Bundesrepublik Deutschland, Band VI: Freiheitsrechte, Heidelberg 1989 § 136, 369–434 (Lit: 434).

Castelli, E. (Hg.), L'Herméneutique de la Liberté Religieuse, Paris 1968.

Damberg, W./Sellmann, M. (Hg.), Die Theologie und »das Neue«. Perspektiven zum kreativen Zusammenhang von Innovation und Tradition, Freiburg i. Br. 2015.

Das Magazin zum Themenjahr 2013: Reformation und Toleranz, Kirchenamt der Evangelischen Kirche in Deutschland, Hannover 2012.

Declaratio de Libertate religiosa »Dignitatis humanae«, hrsg. von F. Gil Hellín, Roma 2008.

Di Fabio, U., Die Kultur der Freiheit, München 2005.

Di Fabio, U., Gewissen, Glaube, Religion. Wandelt sich die Religionsfreiheit?, Berlin 2008.

Dingel, I./Tietz, Chr. (Hg.), Das Friedenspotenzial von Religion, Göttingen 2009.

Ernst, G./Sellmaier, St. (Hg.), Universelle Menschenrechte und partikulare Moral, Stuttgart 2010.

Fetscher, I., Toleranz, Stuttgart 1990.

Filibeck, G. (Hg.), Human Rights in the Teaching of the Church: from John XXIII to John Paul II, Vatican 1994, 315–346 (Texte zur Religionsfreiheit).

Forst, R., Toleranz, Frankfurt 2000.

Forst, R., Toleranz im Konflikt, Frankfurt 2003.

Gabriel, K. u. a. (Hg.), Religionsfreiheit und Pluralismus, Paderborn 2010.

Gonnet, D., La Liberté religieuse à Vatican II. La contribution de John Courtney Murray = Cogitatio fidei 183, Paris 1994.

Greisch, J., »Schwierige Religionsfreiheit«, in: Jahrbuch für Religionsphilosophie 10 (2011), 91–114.

Große Kracht, H.-J. (Hg.), Der moderne Glaube an die Menschenwürde. Philosophie, Soziologie und Theologie im Gespräch mit Hans Joas, Bielefeld 2014.

Gründer, K./Rengstorf, K. H. (Hg.), Religionskritik und Religiosität in der deutschen Aufklärung = Wolfenbütteler Studien zur Aufklärung 11, Heidelberg 1989.

Guggisberg, H. R., Religiöse Toleranz, Stuttgart 1984.

Habermas, J./Ratzinger, J., Dialektik der Säkularisierung: Über Vernunft und Religion, Freiburg i. Br. 2005.

Habermas, J., Zwischen Naturalismus und Religion, Frankfurt 2005.

Habermas, J., Nachmetaphysisches Denken II, Berlin 2012.

Hägg, T. (Hg.), Kirche und Ketzer: Wege und Abwege des Christentums, Köln 2010.

Hastedt, H., Toleranz, Stuttgart 2012.

Heckel, M., Die Menschenrechte im Spiegel der reformatorischen Theologie = Abhandlungen der Heidelberger Akademie der Wissenschaften, Phil. – historische Klasse 1987,4, Heidelberg 1987.

Heidenreich, B./Göhler, G. (Hg.), Politische Theorien des 17. und 18. Jahrhunderts. Staat und Politik in Deutschland, Darmstadt 2011.

Hilpert, K./Werbick, J. (Hg.), Mit den Anderen leben. Wege zur Toleranz, Düsseldorf 1995.

Höffe, O., Den Staat braucht selbst ein Volk von Teufeln. Philosophische Versuche zur Rechts- und Staatsethik, Stuttgart 1988, 105–124.

Höffe, O., Lexikon der Ethik, 7. Auflage, München 2008.

Höffe, O., Lebenskunst und Moral, München 2007 u. ö.

Hoffmann, St.- A., Moralpolitik. Geschichte der Menschenrechte im 20. Jahrhundert, Göttingen 2010.

Honneth, A., Kampf um Anerkennung, Frankfurt 1992.

Honneth, A., Das Recht der Freiheit, Berlin 2011.

Hoppe, Th. Menschenrechte im Spannungsfeld von Freiheit, Gleichheit und Solidarität = Theologie und Frieden 17, Stuttgart 2002

Huber, W. Ethik, 2. Auflage, München 2015, 104–106, 113–115, 210 f., 214–216, 225–227

Huber, W./Meireis, T./Reuter, H.-R. (Hg.) Handbuch der evangelischen Ethik, München 2015, 154 f., 186–188, 255, 434

Jahrbuch für Christliche Sozialwissenschaften 55 (2014), Menschenrechte in der katholischen Kirche, Münster 2014.

Joas, H., Die Sakralität der Person. Eine neue Generalogie der Menschenrecht, Berlin 2011.

Kaiser, G., Toleranz. Der historische und aktuelle Spielraum einer Idee, in: Stimmen der Zeit, 135 (2010), 541–555.

Kamphaus, F., »Der Preis der Toleranz«, in: ders., Die Welt zusammenhalten. Reden gegen den Strom, Freiburg i. Br. 2008, 49–58.

Kasper, W. Wahrheit und Freiheit. Die »Erklärung über die Religionsfreiheit« des II. Vatikanischen Konzils = Sitzungsberichte der Heidelberger Akademie der Wissenschaften, Philosophisch-historische Klasse, Jahrgang 1988, Bericht 4, Heidelberg 1988.

Kasper, W. Kard., Wege der Einheit, Perspektiven für die Ökumene, Freiburg i. Br. 2005.

Kasper, W. Kard., Katholische Kirche. Wesen – Wirklichkeit – Sendung, Freiburg i. Br. 2011.

Kaufmann, M. (Hg.), Integration oder Toleranz? Minderheiten als philosophisches Problem, Freiburg i. Br. 2001.

Klimek, N. (Hg.), Universalität und Toleranz, Essen 1989.

Kohnle, A., Religionsfrieden und Toleranz, in: Luther 85 (2014), 78–93.

Koselleck, R., Aufklärung und die Grenzen ihrer Toleranz, in: ders., Begriffsgeschichten, Frankfurt 2010, 340–362.

Kötting, B., Religionsfreiheit und Toleranz im Altertum, Opladen 1977.

Köhnlein, M. (Hg.), Kommunitarismus und Religion = Deutsche Zeitschrift für Philosophie, Sonderband 25, Berlin 2010, 329–387.

Krämer, K./Vellguth K. (Hg.), Religionsfreiheit = Theologie der einen Welt 5, Freiburg i. Br. 2014.

Ladeur, K.-H./Augsberg, I., Toleranz – Religion – Recht. Die Herausforderung des »neutralen« Staates durch neue Formen von Religiosität in der postmodernen Gesellschaft, Tübingen 2007.

Laux, B. (Hg.), Neue Heiligkeit und Menschenwürde. Hans Joas neue Genealogie der Menschenrechte im theologischen Gespräch, Freiburg i. Br. 2013.

Lecler, J., Geschichte der Religionsfreiheit im Zeitalter der Reformation, Bd. I und Bd. II, Stuttgart 1965.

Lehmann, K., Wahrheit und Toleranz. Zum Verständnis des

Grundrechts auf Religionsfreiheit, in: Göttingische Gelehrte Anzeigen, 262 (2010), 111–126.

Lévinas, E., Altérité et transcendance, Paris 1995.

Loretan, A. (Hg.), Religionsfreiheit im Kontext der Grundrechte = Religionsrechtliche Studien 2, Zürich 2010.

Lutz, H. (Hg.), Zur Geschichte der Toleranz und Religionsfreiheit, Darmstadt 1977.

Lutz-Bachmann, M., Postsäkularismus. Zur Diskussion eines umstrittenen Begriffs = Normative Orders 7, Frankfurt 2015.

Maritain, J., Wahrheit und Toleranz, Heidelberg 1960.

Maier, H., Wie universal sind die Menschenrechte? Freiburg i. Br. 1997 u. ö.

van Meegen, S./Graulich, M. (Hg.), Menschen-Rechte, Berlin 2008.

Meier, H., Politische Philosophie und die Herausforderung der Offenbarungsreligion, München 2013.

Mitscherlich, A., Toleranz – Überprüfung eines Begriffs. Ermittlungen, Frankfurt 1974.

Muckel, S., Religiöse Freiheit und staatliche Letztentscheidung = Staatskirchenrechtliche Abhandlungen 29, Berlin 1997.

Murray, J. C., Die Erklärung über die Religionsfreiheit, in: Concilium 2 (1966), 319–326.

Murray, J. C., Zum Verständnis der Entwicklung der Lehre der Kirche über die Religionsfreiheit, in: J. Hamer/Y. Congar (Hg.), Die Konzilserklärung über die Religionsfreiheit, Paderborn 1967, 125–165.

Odersberg, W. (Hg.), Du Mensch – Rechte, Düsseldorf 1994.

Papetti, R./Rosa, R. (Hg.), Dignitatis humanae. La libertà religiosa in Paolo VI. = Pubblicazioni dell' Istituto Paolo VI. 29, Brescia 2007.

Patschovsky, A./Zimmermann, H. (Hg.), Toleranz im Mittelalter = Vorträge und Forschungen 45, Sigmaringen 1998.

Pavan, P., Text, Übersetzung und Kommentar zu »Dignitatis humanae«, in: Lexikon für Theologie und Kirche; Das Zweite Vatikanische Konzil, Band II, Freiburg i. Br. 1967, 703–748.

Pollmann A./Lohmann, G. (Hg.), Menschenrechte. Ein interdisziplinäres Handbuch, Stuttgart 2012.

Püttner, G., Toleranz als Verfassungsprinzip. Prolegomena zu einer rechtlichen Theorie des pluralistischen Staates, Berlin 1977.

Rahner, K., Dialog und Toleranz als Grundlage einer humanen Gesellschaft, in: Sämtliche Werke, Bd. 28, Freiburg i. Br. 2010, 731–741.

Rathgeber, Th. (Hg.), Ökumenischer Bericht zur Religionsfreiheit von Christen weltweit 2013 = Gemeinsame Texte 21/DBK – EKD, Bonn-Hannover 2013.

Ratzinger, J., Die Vielfalt der Religionen und der Eine Bund, Hagen 1998.

Ratzinger, J. Kard., Glaube – Wahrheit – Toleranz, Freiburg i. Br. 2003.

Ratzinger, J., Werte in Zeiten des Umbruchs, Freiburg i. Br. 2005.

Ratzinger, J., Zur Lehre des Zweiten Vatikanischen Konzils = Gesammelte Schriften 7/1–2, Freiburg i. Br. 2012, 280–282, 434–437, 534–538, 941–945, 954.

Rauscher, A. (Hg.), Toleranz und Menschenwürde = Soziale Orientierung 21, Berlin 2011.

Rawls, J., Politischer Liberalismus, Frankfurt 2003.

Rhonheimer, M., Christentum und säkularer Staat, Freiburg i. Br. 2012.

Rudolph, E. (Hg.), Die Vernunft und ihr Gott. Studien zum Streit zwischen Religion und Aufklärung, Stuttgart 1992.

Rüthers, B., Toleranz in einer Gesellschaft im Umbruch = Konstanzer Universitätsreden 218, Konstanz 2005.

Schick, S., Selbstaufklärung der Vernunft als philosophische Grundlage religiöser Toleranz im Mittelalter und der deutschen Aufklärung, in: Jahrbuch für Religionsphilosophie 10 (2011), 164–194.

Schmidinger, H. (Hg.), Identität und Toleranz. Christliche Spiritualität im interreligiösem Spiegel, Innsbruck 2003 (Salzburger Hochschulwochen 2003).

Schnatz, H., Päpstliche Verlautbarungen zu Staat und Gesellschaft, Darmstadt 1973.

Schockenhoff, E., Das Recht, ungehindert die Wahrheit zu suchen, in: J.-H. Tück (Hg.), Erinnerung an die Zukunft. Das Zweite Vatikanische Konzil, Freiburg i. Br. 2011, 601–642.

Schockenhoff, E. Erlöste Freiheit, Freiburg i. Br. 2012.

Schreiner, K./Besier, G., Toleranz, in: Geschichtliche Grundbegriffe, Band VI, Stuttgart 1990, 445–605 (Lit.).

Schuster, J. Die umstrittene Universalität der Menschenrechte, in: Stimmen der Zeit 139 (2014) 795–805 (Lit.).

Sebott, R., »Dignitatis humanae« und »Quanta cura«. Die Verurteilung der Religionsfreiheit vor dem Zweiten Vatikanischen Konzil, in: P. Boekholt/I. Riedel-Spangenberger (Hg.), Iustitia et Modestia, Festschrift für Hubert Socha, München 1998, 183–192.

Sebott, R., Religionsfreiheit und Verhältnis von Kirche und Staat. Der Beitrag John Courtney Murrays zu einer modernen Frage = Analecta Gregoriana, Band 206, Rom 1977.

Seckler, M., Religionsfreiheit und Toleranz. Die »Erklärung über die Religionsfreiheit« des Zweiten Vatikanischen Konzils im Kontext der kirchlichen Toleranz- und Intoleranzdoktrinen, in: Theologische Quartalschrift (1/1995) 1–18 = ders., Glaubenswissenschaft und Glaube, Band II, Tübingen 2013, 305–323 (Lit.), vgl. auch ebd. 281–303.

Siebenrock, R. A., Theologischer Kommentar zur Erklärung über die religiöse Freiheit, in: Herders Theologischer Kommentar zum Zweiten Vatikanischen Konzil, hrsg. von P. Hünermann/B. J. Hilberath, Bd. 4, Freiburg i. Br. 2005, 125–218 (ausführliche Bibliographie).

Spehr, Chr., Religiöse Toleranz in der Zeit der Aufklärung, in: Luther 85 (2014), 94–110.

Stark, Chr. (Hg.), Wo hört die Toleranz auf?, Göttingen 2006.

Steinacker, P., Absolutheitsanspruch und Toleranz, Frankfurt 2006.

Sundermeier, Th., Den Fremden verstehen, Gütersloh 1996.

Taylor, Ch., Die Politik der Anerkennung, in: ders., Multikulturalismus und die Politik der Anerkennung, Frankfurt 2009.

Walter, P. (Hg.), Das Gewaltpotenzial des Monotheismus und der dreieine Gott = Quaestiones disputatae 216, Freiburg i. Br. 2005.

Weißenborn, Th., Religionsfreiheit, Marburg 2003.

Weitz, Th. A., Religionsfreiheit auf dem Zweiten Vatikanischen Konzil, St. Ottilien 1997.

Wolf, H., Krypta. Unterdrückte Traditionen der Kirchengeschichte, München 2015.

Wolff, R. P./Moore, B./Marcuse, H., Kritik der reinen Toleranz, Frankfurt 1966, 91–128.

Zillober, K., Toleranz, Kevelaer 2003.